山西体育文化丛书

新声
三晋体育文化大讲堂撷英

《山西体育文化丛书》编委会 编

山西出版传媒集团
山西人民出版社

图书在版编目（CIP）数据

新声：三晋体育文化大讲堂撷英 /《山西体育文化丛书》编委会编. -- 太原：山西人民出版社，2019.9
（山西体育文化丛书）
ISBN 978-7-203-10991-4

Ⅰ. ①新… Ⅱ. ①山… Ⅲ. ①体育文化－文化研究－山西 Ⅳ. ①G812.725

中国版本图书馆CIP数据核字（2019）第145766号

新声：三晋体育文化大讲堂撷英

编　　者：	《山西体育文化丛书》编委会
责任编辑：	高　雷
复　　审：	武　静
终　　审：	秦继华
装帧设计：	基因印刷

出 版 者：	山西出版传媒集团・山西人民出版社
地　　址：	太原市建设南路21号
邮　　编：	030012
发行营销：	0351-4922220　4955996　4956039　4922127（传真）
天猫官网：	https://sxrmcbs.tmall.com　电话：0351-4922159
E－mail：	sxskcb@163.com　发行部
	sxskcb@126.com　总编室
网　　址：	www.sxskcb.com

经 销 者：	山西出版传媒集团・山西人民出版社
承 印 厂：	山西新华广告有限公司

开　　本：	787mm×1092mm　　1/16
印　　张：	12.75
字　　数：	200千字
印　　数：	1—3000册
版　　次：	2019年9月　第1版
印　　次：	2019年9月　第1次印刷
书　　号：	ISBN 978-7-203-10991-4
定　　价：	41.00元

如有印装质量问题请与本社联系调换

《山西体育文化丛书》编委会

主　任　赵晓春　苏亚君
副主任　袁乃平　田麦久　杜学文　李俊温　高　波
委　员（以姓氏笔画为序）
　　　　　王　福　石　岩　田文波　杜　荣　李润民　张卫平
　　　　　张文智　张锐锋　武锐强　周文杰　侯　冰　程中平

《山西体育文化丛书》出版委员会

主　任　胡彦威
副主任　姚　军　梁晋华
委　员　武　静　高　雷　蔡咏卉　席　青　赵晓丽
　　　　　张慧兵　郭向南

《新声：三晋体育文化大讲堂撷英》编委会

主　编　田文波

委　员（以姓氏笔画为序）

　　　　田文波　张长青　赵　京　侯　冰　高　波

　　　　蒋军民　靳远川

欣逢盛会谱华章

——《山西体育文化丛书》代序

山西省体育局为庆祝中华人民共和国成立70周年，喜迎二青盛会，而精心编撰的《山西体育文化丛书》即将付梓，编辑同志约我作序，我欣然应命。

翻阅厚厚的6册书稿，品读一篇篇情真意切的心血之作，数十年体育历程一时翻腾在脑海之中。

2019年是中华人民共和国成立70周年。就山西体育而言，2019年同样值得骄傲和铭记。这一年，山西体育发生和即将发生诸多大事，其中最让人难忘的是二青会的承办。在共和国成立70周年这个大背景的铺陈下，承办这样一届综合性运动会，既是山西体育界的一大盛事，也是山西人民为国庆70周年奉献的最好礼物。同样，值此时刻，这套锦上添花的系列丛书，也会极自然地被读者看作山西体育人馈赠二青会的珍贵礼物。

众所周知，本届青运会是中华人民共和国成立以来山西承办的规模最大、参与人数最多的体育活动。在体育领域，放眼国内外，本届青运会的项目设置、参赛人数、时间跨度以及各项活动的多元性也是前所未有、首屈一指的。

当下，二青会的筹备工作已进入决胜阶段，纷繁冗杂的事务相互交织，千头万绪。组委会同志负任蒙劳，不遑启处，而我们体育部门的同志又恰恰置身筹备团队的第一方阵。从动议到付梓，丛书出版只有短短3个月时间，按常理，几乎是一个"不可能完成的任务"，但居然完成了。行文至此，我想到我们二青会的筹备工作又何尝不是如此！

在围绕二青会展开的一系列相关活动中，这套丛书的出版是一件极具文化意义和学术价值的事情。当然，囿于时间、经验等方面的局限，加之一些现实原因，丛书在若干细节上还有值得商榷和需要改进的地方。具体到每一篇文章，谋篇布局未必讲究，遣词造句还不尽细腻。尽管如此，体育人的豪迈、赤诚仍跃然纸上。

丛书共6册，分别为《初心与使命——新中国山西体育70年70人》《后二青会时代的体育与城市发展》《三晋体育诗赞》《新声：三晋体育文化大讲堂撷英》《众说：我们的青运会》《风华满三晋——山西全民健身掠影》。

《初心与使命——新中国山西体育70年70人》抒写了山西70位功勋卓著的体育工作者的奋进和情怀。之所以择定70人，我想是为了契合共和国成立70周年这个时间节点。事实上，山西体育在70年的发展历程中，无数同志筚路蓝缕，接续奋斗，为山西体育做了大量工作，这70位同志，只是众多优秀体育人的代表。他们个人的奋斗历程，置于山西体育70年的辉煌史中，其实是一个个铿锵的足印。

《后二青会时代的体育与城市发展》应时应势收录了33篇论文。如果以时间为序把二青会划为三个单元，可以发现筹备期不长，比赛期更短，而赛后乃至未来才是一个较长的时段。二青会结束后，山西体育、山西经济社会如何发展，50多位论文作者未雨绸缪、见仁见智，以二青会的举办为背景和发端，从不同视野和角度为山西社会的未来发展提出了建议，勾画了蓝图。

如果说《后二青会时代的体育与城市发展》一书是围绕一个较为明晰的既定课题结集成书，那么，《新声：三晋体育文化大讲堂撷英》

的主旨就较为宽泛了。近年来，山西省体育局高度重视体育文化建设。两年时间，约请了十余位在体育界及相关领域具有较深学术造诣的专家学者来为山西体育传道授业，指点迷津。此书集成了诸位学人在山西的讲座内容。相信它的面世，必将为山西的体育文化建设提供值得期许的助推。

《三晋体育诗赞》收录诗、词101首。作者是十余位德高望重的老一辈体育工作者，他们饱含对山西体育的殷殷期盼和深深祝福，以浓墨重彩的笔触为山西体育摇旗呐喊，击节助威，可以说篇篇锦绣，字字珠玑。

《众说：我们的青运会》呈现的是50位不同身份、不同职业、不同经历，在二青会筹备和举办过程中承担不同工作的平凡人士。他们就是我们身边"熟悉的陌生人"。他们对二青会的诠释就是我们对二青会的解读，他们对二青会的向往就是我们对二青会的期冀，他们对二青会的感怀就是我们对二青会的祝福。二青会之于他们价值诉求、人生轨迹的作用与改变，帮助我们从不同层面对二青会有了全新的认知。

《风华满三晋——山西全民健身掠影》是6册书中唯一一本画册，图文并茂，印制精美，通过大量生动写实的图片向读者展示了山西人民精彩的"体育人生"。习近平总书记指出："没有全民健康，就没有全面小康。"当下中国，大众健康已上升至实现民族复兴、增进人民福祉的国家战略层面；今日山西，群众的健身自觉已然形成，健身热情空前高涨。该书正是山西人民向往健康、投身健身的真实写照。

上马击狂胡，下马草军书。在挥汗如雨筹备二青会的关键时期，在戎马倥偬的非常时段，大家能争分夺秒完成丛书出版，我作此序，权作致敬、致谢——感谢这套丛书全景式展现了山西体育的奋斗历程和建设成就。

最后，希望读者看完丛书后，还愿意什袭典藏。是为序。

山西省体育局局长、党组书记

2019 年 7 月

序

2018年10月接到《三晋体育文化大讲堂》的邀请,出面邀约的是田文波先生。他是一位长期从事研究、传播与营销体育文化工作的有心人。讲堂听众不仅有体育局的管理人员,还有山西省内部分高校的老师与研究生。当时我并无现成的讲题与胸有成竹的文稿,但磨不过田先生的盛情与恳切,便答应了下来。几天后他来电话询问我的讲题,我便以我过去的一本文集的书名"体育文化纵横谈"应答。他说已有人在我之前以此题目报告过了,让我改题,情急之下,我说了六个字:凡体育,必文化。于是,我便就此忝列于这座大讲堂之中,成为第四期的主讲人。

没想到,8个月过去,先后有12人到此演讲,留下文稿不下十数万言。常言道,文化是积淀出来的,更是文化人精心耕耘出来的。此话果然在这里得到了验证。再次接到田先生的电话,向我索序,为这本即将面世的演讲集弁言几句,诚惶诚恐之余,我借机拜读了其他几位主讲人的演讲记录稿,感到受益匪浅。现将阅读心得权作序文,与读者分享。

山西是一个深藏文化底蕴的地方。李琳之教授饱含乡土深情,以"辉煌历史与山西人应有的文化自信"为题,讲述了中华文明的源流与山西文化的价值,以及山西文化近现代大起大落所形成的社会心理,最终落脚到山西要昂起头,重新恢宏、重塑辉煌的命题。我曾在山西工作生活过十余年,可算半个山西人,然而那个年代恰逢"文化大革命",几乎没有触摸到山西文化的命脉与精华。通读此篇文稿感触良深:山西是要重新去认识,好好读一读的。

体育文化内涵丰富,大有文章可做。几位讲者都以体育文化开篇,山西省体育局局长赵晓春先生为体育文化做出如下定义:"狭义文化的对象是从事竞技体育运动的个体,它能改变或固化一个人的思维方式、认知水平和精神品格,即所谓以文'化'人。而广义文化则是强化体育与经济社会建立某种关联的纽带或路径。"他还将这一定义引申到操作层面:"擘画体育事业的蓝图,离不开文化的护持。""山西人厚重笃实、隐忍坚韧的性格特质恰恰与竞技文化的精髓真义高度契合。"于是,他疾呼,要为日益走向开放的山西构建一种全新并不断完善的文化价值体系。我在《凡体育,必文化》的报告中,则试图为竞技运动寻求文化内涵,为全民健身建立文化核心,在东西方体育文化差异的比较中为东方体育文化复兴提出假设。

中国体育文化具有深厚的哲学背景,需要不断开发。中国围棋协会主席林建超先生对围棋运动的充分解读,可以成为作证体育文化价值的样本。他认为围棋是中国优秀传统文化的精神标识与文化精髓。因为围棋发源于中华文明母体,是从中华文明之根结出的智慧之果,围棋的思想渊源主要是伏羲文化、神农文化、黄帝文化和尧文化。围棋在弈法和理念中所要求的整体、大局、共存、效率、包容、均衡、中庸、理性、修养、规矩、创新等观念都是体育文化的宝贵存在。而武术家康戈武先生则认为习练中国武术,有助于习练者了解、学会、应用阴阳相成、中和中平的中国智慧,育成自强、仁义、爱国、和平的民族精神,达成修身、培育自善人格的文化价值。

中国体育文化要以开放的眼光,融入世界体育文化的潮流。社会学家郑也夫先生以一届足球世界杯比赛的全过程演绎了体育文化的千变万化与动人心魄。他历数世界各支球队的风格、战绩与得失,挥洒自如地评价了多位球星的表演与夺人眼球之处,给读者呈现了一个万花筒般的体育文化世界。如能将中国足球置于世界足球文化的大尺度中去拷问，或许可以得出某种解题的方案。

长期为中国竞技体育呕心沥血的运动训练学专家田麦久先生近年实现了华丽转身，"不从理论上去讲运动训练也不讲竞技参赛，换个视角换一种语言，讲竞技体育，讲奥运冠军，用中华传统格律诗词，来看竞技体育，看奥运冠军"，这是一个破例的文化现象，能用唐诗宋词的方法激励中国体育健儿去争金夺银，也不失为世界体育文化的一大创举。

任何时候都不要小觑体育文化。 体育是一种奇异的文化品类，它出现在地球上，就是为了给万物带来活力。它给生命体以生理负荷与心理负荷，也给了生命体以各种技能，这种技能不仅包括走、跑、跳、投等基本活动能力，也包括大幅度的、高速的、高难度的各种动作。这些行为可以促进生命体活力的极力散发，感动自己，也感染他人。

当体育文化的灵魂附着在非生命体上的时候，同样可以表现出活力与精彩。体育建筑、体育雕塑、体育装备器材、体育服装、体育文学影视作品等等，都会让人振作起来，它们的样式、色彩、形状、文字风格都不同于他类，促人活泼。

当体育文化在社会中出现的时候，无论在家庭、社区，还是社团、职场，其活力的表现都是多元的：竞争与协作会同时出现，领导与服从会自觉遵守，独立与默契会自然形成，个人意识与团队精神会紧密结合，这时，各种社会机构与社会组织会高效运转，人际关系会和谐团结。

祝愿《三晋体育文化大讲堂》越办越精彩、越办越多元。

是为序！

卢元镇

2019年7月3日于北京容笑斋

目　录

俄罗斯世界杯断想	郑也夫	/ 001
纵谈体育文化	崔乐泉	/ 024
奥冠风采诗词的创作及其社会文化价值	田麦久	/ 046
凡体育　必文化	卢元镇	/ 066
北京奥运会 & 冬奥会法律实践	刘岩	/ 082
围棋与国家	林建超	/ 099
时代驱动下的健身休闲产业政策与大众消费文化趋势	李相如	/ 117
以国术，育国人	康戈武	/ 126
体育文化纵横谈	刘德佩	/ 141
辉煌历史与山西人应有的文化自信	李琳之	/ 152
对未来航空体育产业发展的思考	李正梅	/ 164
共襄二青盛会　同谱山西篇章	赵晓春	/ 180

俄罗斯世界杯断想

郑也夫

俄罗斯世界杯断想（上）

朋友们，下午好。历时 31 天的这台大戏落幕了，这些天来真球迷、伪球迷们都不舍昼夜、点灯熬油、神魂颠倒，现在是回到现实的时候了。希望我这个演讲能帮您醒酒、帮您回味，回味什么？回顾这 31 天出现的种种现象、事件、故事，以求从中获得一些教益，悟出一些道理，也不辜负了这 31 天的巨大投入。

我刻意不从一个角度一竿子下去，而是选择了"断想"。因为 31 天当中发生的事情形形色色，实在太多，互相也未必有联系。再加上到场的朋友兴趣各异，我选择的段子多一些，让每个朋友都能有愿意听的内容，我会从球队、国家、球星、裁判等方面，一个一个说。

法国队

昨天大赛刚刚落幕，我们从冠亚军球队说起。法国队，人人都能说，你也有很多感想要说。要是打开网站、纸媒，你能看见记者们在那儿滔滔不绝。我不去重复，我讲一点别的话题。我想说的是这是一个在世界足球史上罕见的球队。要说它踢的水平，没什么罕见，足球史上有比它踢得好的。罕见在于这支球队的成分、血统、来路。

这届世界杯赛打到一半的时候有人就做出定论了，说这回非洲满盘皆输，没有一个球队进入淘汰赛，所谓16强。历届世界杯非洲常常有精彩的表现，倒不是说走得多么远，但总比这届走得远。而且有些球星非常耀眼。可能在座的真球迷还能想出一些，奥科查、迪乌夫，非常耀眼。这届走得没那么远，也没涌现出那么优秀的非洲球员。但是我想说，打到最后的时候，其实只是非洲球队出局了，非洲人一直还在唱着大戏，最集中的一个体现就是在冠军球队当中半壁江山是非洲人。你问能叫他们非洲人吗？我给你讲个小段子。

我是1950年生人，1963年读初中。当时学英语的时候，黑人这个词叫Negro。现在学英语的人还能听见这个词吗？没有了，扫地出门了。为什么？因为美国在反种族歧视中形成了若干政治正确，认为这个词带有歧视的意味，不能再叫Negro。我还记得看过一个小电视片。一个黑人父亲教育他的儿子，要他挺起身板，我们要有自尊，拒绝歧视，然后问："Who are you？"儿子说："I am a Negro."父亲说："No, you are a black man."然后再问："Who are you？""I am a black man.""Yes."父亲告诉他，你不要说你是Negro，人家这样叫你也不接受，你是黑人。又过了一些年怎么着？"黑人"也不能叫了。在美国。你是什么人？"I am an African American."我是非洲裔的美国人，别叫我黑人。在美国现在这是最通行的思维，叫非洲裔的美国人，就是说本质上是非洲人。

这届世界杯上，确实没有一支非洲球队进入16强。但是你看冠军球队的半壁江山是非洲人，非洲裔的法国人。我看法国足球队23个成员的照片，反复掂量哪个是黑人，哪个不是黑人，因为里边有混血，有些不太好识别的。按网上的说法，23个成员当中11个是黑人。我看不止11个。

法国跟美国还不一样，美国的种族歧视要比法国少，原因当然是复杂的，一个是美国是个移民国家，移民国家大家都是外来的，谁歧视谁？欧洲每个国家都有自己漫长的历史，都有主流民族。美国谁是主流？都是各处来的。当然原来有过歧视黑人，但经过一二百年的反歧视，到现在美国在世界上是歧视较少的一个国家了。但法国不然，所以当法国足球队在世界上忽然变得非常耀眼的时候，其国内右翼分子看不惯堂堂法国足球队当中黑色的成分过半，他们觉得失落，觉得白种人没有尊严了，所以有一阵子有个"漂白运动"，就是让球队的成分再白一点。

美国人不然，美国篮球在世界上鹤立鸡群。美国队参加世界比赛，要照顾一下主流民族的情绪的话，大概就是球队中总得有几个白人。美国人绝不会认为球员大多数都是黑人就不是美国球队了，有两三个白人更好一点吧。法国人不同，法国人是希望他们球队里白人数能更多一点，乃至一半。据说本届杯赛法国主教练选人余地其实是非常宽的，有四五十个球员可以做23个人的候选人。他选择的时候除了球技，除了各个位置配比以外，大概还得考虑一个重要的国情，黑白人的配比。其实20年前拿世界杯冠军的那次，黑人就占了半壁江山。但是以后有过右翼思潮的"漂白运动"。所以今天筛选的时候，我想这是主教练需要考虑的一个因素。最后我看网上说的，很可能是来自一个官方统计，说23个人里有11个黑人，我看不止。假设是黑白人通婚，黑人基因对肤色呈现的影响力更大，通常在世俗的眼光里这个人血统里有点黑人血统，一般就说他是黑人。但是在法国足球队里可能不是这样，可能他的白人成分多一些，就说他是白人。因为说黑人不到一半，法国的白人听着高兴，你看我们球队白人还是占主流的，其实未必占主流。我看照片，一个一个相面，感觉23个人中沾上黑人血统的占一半以上。昨天晚上我仔细拿着笔，瞪着眼睛看。首发当中好像5个是黑人，替补3人中2个是黑人。14个上场球员刚好一半是黑人。我不知道我说得对不对。

除了黑人血统占的比重很大，移民的成分也一向很高。世界杯历史上赫赫有名进球最多的那个方丹，就是摩洛哥人，早年在卡萨布兰卡踢球。20年前为法国拿世界冠军的队长齐达内父母都是阿尔及利亚人。现在球队中的很多球员是移民或移民的后代。

我想提出这个观点来和大家共享，今天在世界体坛上，很多项目差不多是得黑人者得天下。美国篮球为什么这么牛？你看看人家这身体素质，你上哪找去。昨天晚上跟咱们体育局几个朋友吃饭，我就说如果把美国篮球队的黑人都撤掉的话，美国篮球队得降一个格。我们一个体育局的朋友一听马上亢奋了，大言不惭地说可能打不过中国队。我们多数成员马上说："你胡扯。美国篮球队即使由白人组成，打中国还是有富余的，但是在世界体坛上肯定降一个格，再打西班牙、立陶宛、希腊，试试，可能够呛。篮球得黑人者得天下，足球呢？本届非洲球队没有一支进入16强，但看看进入16强的球队中有多少黑人兄弟？太多了，而且还不是一个数量的问题，黑人常常是各队中踢核心的、摧城拔寨的兄弟，不得了。爹妈给的基因，体能太棒了。

法国毫无疑问面临大量移民涌入的问题。足球队是社会的缩影。而他们的足球队，这个由不同出身、不同国度、不同血统，由黑人、白人共同组成的球队，在世界体坛上能做出这场精彩表演，为法国的社会提供了良好的示范：我们是不同种族的人，我们可以完成一个多么好的合作。

非洲的球队要能拿世界冠军还比较遥远。不错，他们的身体基因太好了，但是能拿世界冠军还要黑人和欧洲的白人合作，非洲有身体优势，欧洲有足球文化的优势。非洲球队为什么迟迟拿不了好名次？奥科查式的表演举世震惊，那漂亮的过人，欧洲人玩不了，南美人都勉强，但为什么他拿不了世界冠军、打不进四强？他们这些人踢野球出身，没有受过中规中矩的训练。还有一个，他们是天生的艺术家、表演大师，无组织无纪律，你要最终打败对方，还是要贯彻一个意图，主教练的意图，球员们不能各行其是。而这些艺术家都在各行其是，表演得很好，把你给过了，但是离进球还远着呢。他们就这样一帮天赋非常高的人，但是不能组合成一个战斗队，他们零星地进入法国队，进入德国队，进入英国队，然后由欧洲的文化再来梳理他们，由黑白人一起组织个球队。哥儿们，你很棒的，但是要遵守纪律，你还要按教练的意图去打，你平常还要接受严格的训练。这样，黑种人出卖了他们的身体，"出卖"

这个词恐怕用得不妥，我收回来。他们将自己伟大的身体机能注入欧洲，又被欧洲的文化进行了一个梳理、组织、整合。我说得黑人者得天下，没有黑人，法国队能拿冠军吗？大概得降一个格，比美国篮球降得更多。

当然这是一个完美的组合，所以我说它给法国社会做出了一个很好的示范。在未来的社会生活当中，黑人、白人应该继续有更好的合作。

克罗地亚队

这些天受到媒体轰炸，我们伪球迷们也都恶补了一下，知道以前20届世界杯上有8支球队拿过世界杯的冠军。但是你知道吗，自1950年以后，世界足坛是"战国七雄"的天下。所谓五星巴西，巴西获得过5次世界杯冠军。下面是意大利4次冠军，德国4次冠军，阿根廷两次冠军，法国队加上这次，也是两次了。列强中还有两个国家，英国1966年拿过冠军，西班牙拿过一次冠军。虽然像英、西班牙拿冠军次数不多，但是毫无疑问位列"战国七雄"，它们的联赛那是世界上最伟大的联赛。所谓五大联赛，英超、法国、德国、意大利、西班牙。这五强，加上南美的巴西、阿根廷，世界足坛"战国七雄"。1950年以后的所有冠军它们包揽了。

不是说8个国家拿过冠军，那两个冠军是谁拿的？乌拉圭，乌拉圭的人口比克罗地亚还要少，克罗地亚是420万，乌拉圭现在才300多万。而且第一届世界杯就是在乌拉圭举办的。这么个小国怎么能主办？那时候四五个国家去竞争主办权。乌拉圭沾了一个光，它在1924年、1928年两届奥运会上是足球冠军，1930年它挟这个光环得到了主办权。并且在1930年、1950年拿过两次世界杯冠军。但1950年以后，小国从世界杯冠军竞争者的行列里淡出。1950年以后七强垄断。

68年后又见小国冲冠，就是克罗地亚。当本届杯赛克罗地亚对阵阿根廷的时候，我希望阿根廷获胜，但是人家克罗地亚无可争议的3∶0赢了，有什么好说的呢。淘汰赛克罗地亚对俄罗斯，我希望东道国获胜，这样大赛人气足，加上我对俄罗斯人有复杂的情结，但是最后罚点球克罗地亚打败俄罗斯。下面是克罗地亚对英国，我希望英国胜，我对足球发祥地也有很复杂的情结，英国多少年世界杯上没有进入四强了，但是还是克罗地亚2∶1胜。连着三场比赛都是与我个人的愿望相背。但到进入决赛的时候我改变了愿望，我希望它战胜法国，我希望冲破"战国七雄"对世界杯冠军的垄断，希望金杯重归一个小国。加上我认为国际足联应该修改足球规则。男足这些年越来越沉闷。为什么？因为规则落后于足球的演变。这次世界杯我做了4场系列演讲，第二场在北京大学，题目是"从足球看游戏规则"，对此做了专门阐述。我认为如果克罗地亚打败法国，就可以让世界足球组织者有个猛醒。足球这个项目曾经以它的悬念著称，但是这些年悬念大得过分了，所谓过分就是弱队经常可以打败强队，还有就是死守反击经常可以奏效。大家心目中法国是一等强队，克罗地亚是一个小队，打资格赛才获得进军世界杯的权利，我希望它打败法国，让组织者们知道这个项目的悬念太大了，该收敛一下了，该怎么收敛？在制度上修改。我在我的第二次演讲里讲得非常充分，在这里不啰唆了。

我希望克罗地亚爆一个大冷，可惜没爆成。但是这个队毕竟给了我们太大的惊讶。决赛的上半场把法国给踢成什么样了。第一个进球是乌龙球。第二个小有争议，他是故意犯规吗？手一碰球差点进去啊，险些成了第二个乌龙，这能是故意吗？应该是被动打在手上的。裁判可以说，如果你手不碰，那球还在禁区里面，法国队可能得到机会，你伸出手扩大了防守面，干扰了这个球，但是毕竟是被动。通常被动手球是不罚的，但裁判也可以说被动干扰，怎么说怎么有。这样，比赛的走向变了。我们的足球解说员，干足球出身的嘉宾，有时候的解说实在不敢恭维。他们认为，法国队上半场的比赛体现了主教练的老谋深算。其实哪有什么老谋深算，让人压住了，克罗地亚踢得好。后来因为两个偶然性的进球，克罗地亚没办法，只有投入更大的力量进攻，法国队的反击才发挥出来。法国队有两匹快马，于是形势大变。我觉得这里面有偶然因素。克罗地亚不走运。

一个 420 万人的小国，能踢得这样好，在一个大赛里能接连把强队克掉，在决赛的整个上半场压着最后的冠军打，真的让世界惊讶。何以如此？我真的讲不好，我只能说四个字：不可思议。别难为我了，我真的解释不了。420 万的小国，进入决赛，全世界都看着，一点不怵，打得生龙活虎。别忘了前面还打了几次延长时，3 个 120 分钟，等于比法国队多打一场比赛，然后把法国队压成这样。不可思议。

比利时

第三个断想就说排名第三的比利时。它和克罗地亚异曲同工，而且其足球的辉煌历史其实比克罗地亚还要长。当然克罗地亚原来是南斯拉夫一个组成部分，南斯拉夫拿过奥运会足球冠军，很不得了。但比利时足球历史比克罗地亚和南斯拉夫还要辉煌，比利时是世界足坛的常青树。比利时人口 1100 万，比中国深圳人口还要少一点。这样一个小国，没有一个球队敢小看它。而且比利时球队不是由移民组成的，本土成员比重很大。它的球风，多少年一以贯之，真的精彩，是打进攻型的，甭管遇着谁，用北京话说，爱谁谁，不管你是老几、实力多强，我还是打我的进攻足球，球风干净利索，跟南美的球风还不太一样。南美的球星比较重视表演，因为技能太高超。比利时不是这样，比利时是尖刀，刀一亮出来就要见血的，干净利索。

比利时这个常青树说明了克罗地亚无独有偶，说明小国可以唱大戏。1986 年马拉多纳拿冠军那次，比利时得了世界杯第 4 名。2014 年，就是上届，比利时是第 6 名，都是显赫的名次。固然没有克罗地亚这样的名次。克罗地亚除了亚军还拿过季军，在国家刚成立的 1998 年就给全国人民献了一个厚礼，那次也是半决赛 1∶2 输给法国，最后拿了季军。两个小国在足球史上的光辉，伯仲之间。一个光辉历史更长，一个名次更为优异。

英国人

接下来说说英格兰。我对人类足球诞生地大英帝国，对它在足球上的遭遇充满同情心，充满敬佩心。充满敬佩心，就是钦佩他们的肚量；充满同情心，就是因为他们屡次被裁判坑害。马拉多纳的上帝之手不是坑惨了英格兰吗？第一个进球手打进去的，不错，第二个进球举世惊叹，连过几个人，那时候英格兰的后卫在世界上是赫赫有名的防线，连过几个人，过得晕头转向，连守门都过了打空门。但是第二个进球没有第一个进球的关系吗？第一个球进了以后英格兰要反击，反击就不能像原来那样摆出一个钢筋混凝土的防线，所以才有马拉多纳的马踏连营，一个一个过。英格兰输了以后，不像有些球队被裁判坑了以后，成一个怨妇样，一直在怨大尤人，而是安静地打道回府了。又过了多少年以后，把马拉多纳请到足球的诞生地牛津大学做一场演讲。多大的肚量？当年让你用手打进了一个球，这才让这场比赛整个走势变了，然后请过来，说明什么？说明英国人是世界上最伟大的游戏人。这个游戏和公平竞争精神是他们开创的。不错，那场比赛不是公平竞争。但是英国人最懂得游戏，他们知道这个游戏是自己开创的，而这个游戏里面的技巧，老马，是你演绎到了最高峰，你是这个游戏里的王者，你来一趟吧，到诞生地来，给我们做一场演讲，多大的肚量。你想想我们能做到吗？我们国家队让人家手球进了一个球，我们把人家请来，敬为上宾，到这儿给我们做一场演讲。

  下一次被坑，2010年南非世界杯对德格兰。我不知道在座的有多少真球迷、有多少伪球迷、有多少人会记住那场比赛。那场比赛过后，中国媒体都是赞颂德国从始至终气势如虹，贬低英格兰的士气。胡说八道。第20分钟德国进了第一个球，32分钟德国进第二个球，37分钟英格兰扳回一个球，38分钟英格兰打入第二个球，英格兰全体队员已经在场上欢呼，裁判说没进，接着踢。那时候裁判工作没有录像回放，但是电视上可以回放，全世界的球迷马上就看电视上重播那球过了球门线了，怎样？那时候裁判的当下判决就是最终的判决。应该是2∶2的比分还是2∶1，英格兰规规矩矩接着跟人家踢，然后德国队又进了两个球，比赛打成4∶1。然后我们的媒体大赞德国队。你懂得比赛逻辑吗？如果那球判进，马上就是 2∶2，以后谁气势占上风？当然是扳平的一方，还用说吗？从 2∶1 到 4∶1，让裁判给坑了，坑成这个样子。以后人家也没像怨妇一样，输就输了。英国人的逻辑是我们是游戏规则制定者之一，裁判是权威，裁判也是人，不是神，他眼睛没看见那有什么辙。

再说这次比赛，被克罗地亚淘汰。是英格兰先进了第一个球。第 68 分钟的时候克罗地亚回敬一球。懂足球的人都知道，那个射门动作抬脚过高，高到什么程度，高过对手脑袋了，差点踢了英格兰球员的脑袋，这不叫抬脚过高，还什么叫抬脚过高？这个动作如果在中场，可能裁判会吹犯规。而这个动作的瞬间那球就进去了，恐怕裁判当时都愣住了，就算进球了。英格兰这个球队真的是很绅士，我觉得他们当场应该跟裁判认真理论，你好好看录像去。

过后有的英国人说这个球有问题。还有的英国人，包括英超一个名哨说这个裁判判决没问题。这说明人家英国人面对一个事件的时候，言论是分歧的、多样的。比赛结束以后，现场的英国观众齐声高唱 Don't Look Back in Anger（《莫为往事懊恼》）。首相（中国人管她叫"梅姨"）在第一时间表态说，我跟英格兰足总的人沟通了，我问他们我能不能在白金汉宫迎接我们英国足球健儿回国，请他们吃一次饭。话说得真的是谦恭。你要看到这个足球发祥地的国家被裁判坑了多少次，都是在最重大的比赛中，都是这样严重的坑害以后，人家说这也叫公平竞争，不公平嘛，但是我们制定的规则就是裁判说了算，那我们就得服从，不能我们制定的规则我先不服从。

一两个世纪以前，这个国家是世界的中心，世界霸主，为今天的世界游戏规则贡献了很多东西。这个霸主没白当。整个西方的宪政社会的建设，所谓三权分立，都源于英国伟大思想家洛克。为奥林匹克输入了更多竞赛项目的不是雅典人，是英国人，雅典为它输送了田径、摔跤、赛马，更多的项目，特别是更多的球类项目是英国人输送的，整个游戏规则，整个公平竞赛精神都是英国人奠定的。法国的顾拜旦是到英国的老师那儿求学，去请教英国人如何搞体育，现在他被奉为"奥林匹克之父"了。英国人才是为人类现代体育奠基的民族。他们真有这个范儿。

俄罗斯队

下面说俄罗斯。我说当代男子足球越来越沉闷，表面的现象是钢筋混凝土的防守建立了，根本原因是，球员们的体能比起贝利时代有了长足的提升。贝利的时代没有详细的统计数字，我们估计那时平均每个队员在场上跑动六七千米，现在场上跑动距离平均1万米，每个队员多跑了三四千米。乃至可以将你的传球封堵，将你的射门封堵。老是有一堵活动的墙挡着你。后面的基础就是体能太好了，球员一直在跑，所以导致进球难，导致弱队可以跟强队抗衡，强队有技术，弱队靠体能。俄罗斯人吃透了这一点，我们是东道国，我们得有我们的面子，我们球技目前没那么好，那我们怎么着，我们有体能。

就说俄罗斯队对西班牙那个比赛，场面上西班牙占压倒优势。空说无益，看一些数字。两队射门俄罗斯对西班牙是7：34、任意球4：17、传球次数290：1114、传中12：27。在官方统计当中俄罗斯只有一个数据领先，就是抢断，而抢断后面是另一个数据，官方统计没有，但是你在其他地方可以找到，就是跑动的距离。这场比赛打了128分钟，全场俄罗斯队跑动的距离是141953米，西班牙是133501米，两队全队跑动的差距是8451米，俄国队全队跑动比西班牙队多了8.5公里，这意味着什么？意味着你的很多传球、射门被他们抢断了、封堵了。包括加时赛，两个队各有4次换人名额，也就是说守门员不算，10个位置当中有6个人踢满全场，还有4个位置由4个首发和4个替补共同踢完120多分钟。这6个踢满全场的俄罗斯人人均跑动15000多米，一般我们说都是90分钟跑多少米，90分钟内这6个队员跑动不会少于1.1万米。其中1个人全场跑动了1.6万米，90分钟内的跑动应该高于13000米。这些跑动距离是怎么测出来的？是通过热感摄像机捕捉每个人的跑动轨迹算出来的。据国际足联统计，现在世界大型比赛的重要场次当中，优秀球队人均跑动可以到1万米，其中最多的队员可以到1.3万米，最差的跑动也能到6000米。这是一流水平的。

中超呢？中超的平均跑动距离是7000米，还在贝利时代。中超跑动最少的是多少米？3000米。在座哪位擅跑，可以超过他。一切足球比赛的胜利都必须恭恭敬敬地说"我们今天运气不错"，不然就是狂妄。昨天法国胜利没有运气？见鬼，绝对有运气。像俄罗斯队能打败冠军热选球队西班牙，人家有这样的跑动能力在这儿搁着呢，有这么多抢断、这么多封堵在那儿搁着呢，这个运气不可能降临在平均跑动7000米的球队身上。

德国人

下面回到一个早早就从这次杯赛中出局的球队，德国队。还有什么可说的，这么早就出局了。你不要看它输韩国队，它是一定要赢，因为平球它也没有戏，所以全场压山，导致被反击打败，它要不然还真输不了。我不谈这场比赛，我要谈的是赛后德国人对事情的处理。

上届的世界杯冠军队，今年小组没出线，砸锅了，跟人是很不好交代的。怎么样？一个星期内德国足协宣布勒夫继续担任国家队教练。不管是中国的一个球迷或者伪球迷，你也知道中国的足球队教练走马灯一样地换，中国的俱乐部教练也走马灯一样地换，只要成绩一不好就给我滚蛋。看看人家的做事方式，足球是一个偶然性极大的竞技项目，要看到这一点。还有，人家德国队赛前跟勒夫有合同，合同没到期，踢坏一次比赛就解雇，德国人不这么做。德国足协内部研究了一次，果断宣布继续留任，不拖泥带水。掌权的人遇着危机了，比如遇上输球了，最愿意唱的一出戏是四个字，找替罪羊。这太无聊了。应该是输了大家一起承担，从最高管理者，到主教练，到队员，大家承担，别找替罪羊。如果非要找替罪羊的话，从足协主席到体育总局相关领导你们没有责任吗？动不动主教练就撤职了。看德国管理者的那种担当。输球怎么了？他还是主教练。我对这个做法非常钦佩。

国内的主教练当中，我还是比较看好高洪波的，无论是打国内比赛，还是打国际比赛，他还是有他的一套东西的。怎么样？打世界杯出线的时候，输了比赛马上就解职。我曾经白纸黑字写文章说，中国教练当国家队主教练的时候，你坚持要写一份合同，任期内不能给我踢走。洋教练的位置就更牢固，我们土著教练说走就走？我们怎么了？现在是什么时代、什么社会？我们可不可以建立一种合同关系，尔后照合同办。这是一个系列比赛，你怎么知道我先输一两场，后来不能扳回？我们从德国人的做法，应该知道一个大国该怎么做事。

俄罗斯世界杯断想（下）

巴西队

巴西输球以后，一个朋友来了微信，问我这不是黑哨吗，巴西队好几个球怎么不吹点球。我当时这么回答的，我说："老兄，我知道你很失落，你是巴西队的粉丝，我也是，但是我这么跟你说，禁区里面那3个球都是可吹可不吹的，我指吹点球，就每个孤立的球来说，不是必吹的。我不满意的是，一个可吹可不吹的，第二个又是可吹可不吹的，第三个还是，叠加起来，后来实在是该吹一个了。一直不吹，不太合适。"这次比赛当中虽然使用了录像，关键的比赛还是有很多争议，而我觉得最引起争议的应该说还是刚才我所说的那两场比赛，克罗地亚对英格兰那个抬脚过高打进去的球和巴西队在禁区里三次遭遇犯规，一个点球不给。

我在想，现在我们已经接受了电子技术，有一天甚至可能用机器人当裁判，电子设备在往前发展着，以后那种全方位摄影不在话下，也增加不了多少钱，设备成本会越来越降低。机器人来判断，不要肉身裁判了。你说不清楚你偏向谁、拿没拿钱，一概说不清楚。这个铁家伙说了算,大家没什么可说的。这两场比赛,我觉得好裁判的是克罗地亚对英格兰,机器人一捶定音。因为在机器人来操作之前,我们的一些优秀裁判已经给它制定了很多参数,以判定什么叫犯规。比较难办的是巴西对比利时这样的情况,它的球通通都在可判可不判之间。而机器人不懂得叠加,因为人有模糊地带,机器人没有,它就是黑和白,犯规了还是没犯规,3个没犯规加起来还是没犯规。叠加是人脑的活动,人脑懂得这些。机器人不懂这些。你不叫我判吗?你怎么说3个都是可判可不判,在我这儿每个都是清晰的。所以我觉得机器人上岗后,巴西那场争议跟英格兰这场争议比赛中会呈现不同的情形。在座的年轻朋友,我相信在20年后你继续看球时,甚至10年以后,机器人一定会扮演重要的角色。

巴西队很可惜,本来巴西是有望跟法国队遭遇的。法国队跟阿根廷打了本届杯赛中最旗鼓相当的一场经典比赛,法国队3∶2获胜。法国队要能遇到巴西,将是何等精彩的一场比赛。可惜我们没有缘分看到这样一场比赛。

VAR的进入

我们下面就说说技术对裁判工作的介入。VAR,这个英文全称是Video Assistant Referee,就是视频裁判助理。这是世界杯上的首次使用,但是杯赛前就有前奏,已经在世界俱乐部杯上使用过了,据说之前在意甲、德甲上也尝试过。在那两个比赛上尝试,应该也是国际足联认可的。尝试完觉得还可以,就投入这个级别最高的比赛中了。

这届杯赛中大家第一次见到VAR的使用,是法国对澳大利亚的比赛中有一个球很可疑是犯规了,但是裁判没吹,比赛照样进行,不到一分钟,裁判耳机听到了视频裁判助理的呼声,说那绝对该判点球。他马上叫停比赛,判罚点球。马上又有第二场比赛,丹麦队对秘鲁队的比赛,主裁判当时没有判罚,比赛继续进行,也是被视频助理叫停,罚点球。在一个晚上我们观众看到了两次主裁判被叫停。我来点评一下新技术的进入。

我前面说到2010年南非世界杯德国队和英格兰的比赛，英格兰吃了那么大的亏，明明球进了球门线，裁判告诉没进。第二天怎么样？国际足联主席布拉特面对记者的询问时说，世界杯一时半会儿不准备接受电子设备，他说那还早着呢，那个技术还没有达标，那个技术如果达标了也必须在全世界任何一个比赛中都能使用，才能进入世界杯。胡说八道。比如拿网球来说，大家知道网球最微妙的就是球打到线内还是线外，大型比赛有鹰眼，小型比赛买得起鹰眼吗？说这个设备必须得全面铺开、一视同仁，怎么着，校际比赛也得有一个电子设备？这个腐败分子是被迫辞职的，他盆满钵满钱捞够了，世界杯反正是个聚宝盆，改什么制度。

现在这个制度为什么能改？我想有三个因素，第一，这种严重的漏判，比如球都进去了，愣告诉没进，这很简单，电子设备看球进没进，太简单的技术了。第二，面对裁判这样的失误，从国际足联主席到主裁判都要蒙受巨大的压力。因为现在不像过去了，不像贝利的时代，你这个球进了他说没进，可以无穷地争议，主裁判说你们在看台上哪能看得见，我在这儿看着呢，它没进。现在一回放，你丢人丢大了，这就是舆论。第三个因素，主席换届。原来那个主席他如果更改，其实就是更改他以前的政策，他以前红口白牙说了多少次，我不准备接受，还没到接受的时候。然后他在舆论压力下就更改了的话，那他不是自己很丢人吗。现在换人了，以前制定的政策有很多不当之处，我没有责任，我是新任主席，可以重打鼓另开张。从这个小游戏，可以折射人类的社会生活。很多位置为什么要有任期、到期了要换届？为便于规则、政策与时俱进，如果一个人一直占据着这个职务，因为他主观的，或者个人名利的原因，他要捍卫他自己的虚荣心，他就不改。而当这个位置换了人就变得容易极了。三个因素凑在一起，就更改了。于是新任足联主席因凡蒂诺当选以后迅速搞定电子裁判助理。

对这个变化我们要以开放的、两面的眼光来看待。这个变化一定将对裁判工作造成复杂的、多面的影响。其实足球和社会生活是一样的。当电子设备越来越广泛使用的时候，一线的当职人是不是会变得越来越傻，或者变得越来越不担当？当然二者是相辅相成的，越来越不担当的话就会变得越来越傻。我给大家再举一个例子，比如到医院看病。你10年、20年前看病的时候，遇到一些大夫非常有经验、有洞见，没有什么很复杂的化验，就铁口直断：你没事，放心回家休息好了，或者你得手术。现在怎么样？等着开单子、做核磁、验全部血象，给你检查个溜够。过去那些老大夫，在他看来病情是清晰的，他就给你诊断了，现在人家不干这事，有设备、有机器，我何苦要揽这个差事、担这个责任。这样一来二去，此消彼长，设备的能力越来越高，应用越来越广泛，人的能力就越来越低了，是不是这样？当然一方面说我们仰仗设备，我们的社会生活、我们的足球生活会变得越来越可靠、越来越公正。可是与此同时，我们的肉身裁判慢慢就没有了，所以大概机器人当裁判为期不远了，因为人越来越笨拙，人越来越不承担，动辄回看一下。这届是首次应用于大赛，下一届会越来越多地看回看，这是一个互动，人类生活以后将全面被电子设备掌控，被机器人掌控，从游戏的世界已经让我看到它向我们迈近的脚步。

内马尔

下面谈朋友们更感兴趣的题目，点评几位球星。

第一位要说到的是内马尔。我们从最有争议的内马尔作秀说起。内马尔不断地倒地，就地十八滚，受到很多非议。有些非议说得很难听，说别演了，得不了奥斯卡奖，演技差远了。有些无聊人士这么说，还有些体育明星、足球明星也这么说。罗纳尔多在第一时间就为他鸣不平。说实在的，所有的言论里，我觉得最中听的、最全面的、最到位的还是老马的话，马拉多纳有资格说这个话，因为他曾经是被犯规最多的人，他脚腕子肿得像馒头似的还在那儿踢。马拉多纳说，看到内马尔被踢倒在地然后打滚，我的第一反应是想哭，我的第二反应是想笑。我觉得说得非常到位。

我怎么评价？我非常理解内马尔的所谓表演，这是抗议的方式。要不然他怎么办？第一场亮相就被犯规10次，10次都是犯规导致躺地下了。跟裁判理论行吗？除此还有什么抗议方式？我就这种抗议方式，让你们接受舆论的压力，让你们对我下脚的时候慎重一点儿。我想说的是，在当今社会生活当中，如果你参加的那个游戏是众目睽睽之下的，是非常吸引眼球的，你说当事者谁没在演戏？都在演戏。夸张是生活的组成部分，有的人演得过了点儿，有的人好像没演，好像没演从他人眼睛里看也是演，因为他可能吃透了别人的心理，像没演可能别人看着最舒服。但你怎么知道低调就不是一种演戏？你知道别人的动机？我觉得社会生活当中，从某种意义上说，人人都在演戏。内马尔的演戏最后来说，还真的没有收到好的效果。因为到最后这场比赛对比利时，巴西队禁区内3次遭到犯规，一次也没罚，可能主裁判受到舆论的影响，认为巴西人在演戏。就是所谓"狼来了"喊多了，狼真的来了，裁判不相信。

因为现在的公共生活跟过去不一样，过去的公共生活，以贝利时代的足球为例，都是在现场看的，转瞬即逝，不能回放。现在都能回放，大家可以看很多次，所以现在的演戏成分比以前重。既然现在的社会生活已经出现了这种趋势，既然演戏成为公众生活当中一件回避不开的事情，我觉得从国家元首一直到大球星，他们都应该请一个帮手，一个以前没有想到的角色，表演指导者。因为我们经常看到从国家元首到球星的一些表演很不到位，让他丢分。这事不能都怨他。而表演教师对他们有帮助。比如在球场比赛上，你本来是受害者，被犯规了，适度的表演能让你引起社会的广泛同情。

我接着要抨击足球比赛当中的一个规则，就是对假摔的惩罚。我觉得世界上没有人在看到一个进攻队员在禁区里摔倒时，能够百分之百判断这是假摔，即使人家没碰到他，他摔了，就不可能是真摔吗？地滑我摔了，或者我太累了，最后几步冲刺的时候筋疲力尽，然后别人似乎要碰我，然后他没有碰我，我被闪了一下，身体重心失去就倒地了。怎么了，他没碰我，我摔了，就一定是假摔吗？我觉得没有人能断定，那么为什么有一个惩罚叫作假摔？这与我们全世界文明的进程、法律的进程背离。在西方法律界有一个"无罪推定"，如果你没有确凿证据证明我犯罪了，我就是无罪。你怎么知道我是假摔？你怎么知道我那时候不是筋疲力尽一下子倒地了？你可以不判对方犯规，球接着踢，我摔了白摔，但是不能判假摔。假设他真的是一个演戏式的假摔，球接着踢就是对他的嘲笑，没人理你，躺那儿吧。何必要搞什么假摔的惩罚？荒诞，跟国际法律不相符合。国际足球的规则怎么比人类文明的规则有这么大落差，为什么？还是布拉特领导下的愚蠢举措。

我们从内马尔的遭遇来破题，开始谈明星了。这届世界杯巴西队较早地出局了，但是至今看起来，就球技来说，我个人还是更看好内马尔，球技炉火纯青，年龄正当其时。很悲哀，如果那场比赛巴西队没有先来了个乌龙球，或者说如果巴西队获得一个点球，也可能内马尔会有更多的表演空间，还不定能谱写出什么样辉煌的篇章。但是没办法，打道回府了。梅西和C罗年岁相对过大，现在球技最好的是内马尔。姆巴佩不是他的师弟吗？从年龄到球艺，都还要执小弟礼。内马尔在决赛之前也向姆巴佩做了礼节性的表达，希望跟他打决赛，但是没打成。

梅西

梅西打了3届世界杯了，没有一次是及格的。这次最后两场还算可以，但与他的江湖地位不相符合。梅西的问题在什么地方？就是说为什么他在俱乐部比赛和世界杯比赛落差那么大？这是一个谜。您听我解说。

在俱乐部，教练知道这儿来了一个超级球星，甚至是当今世界球坛的NO.1，我还要选出很多球员组成一个球队，他是顶级的，就位了，就要找合适的球员和他搭配，因为他是老大，搭配一定要合理，从球技、角色，到性格都要很好地搭配。在俱乐部里可以把这项工作做得完美，因为花了这个大钱给你主教练,你要找人,可以全世界海选。国家队不是这个样子,国家队就只有在我们国家当中选人,主教练的选择余地小多了。有时候还要迁就很多因素,比如这个球员在阿根廷足球的江湖位置不是老大,是老二或老三,其实他跟梅西无论从技艺、从性格上来说,可能都不匹配。但是我能不要他吗?我能把阿根廷球技上数二数三的人拒绝吗?那怎么跟阿根廷舆论交代?如果是俱乐部,世界上高手多了,你球技很好,但是我因为梅西就不选你,没任何问题。你要当法国队主教练,你还要考虑白人、黑人问题,国家队的选人在某种程度上是政治。俱乐部的选人没有政治。国家队选人复杂多了,局限大多了。

生物学家提出过一个桨手理论。兄弟之间有时候性格,甚至智力差得挺大,基因理论认为这是因为他们的基因不完全一样。母亲、父亲各拿出他们的一半基因,组成了你和你兄弟。因为他们拿出的不一样,所以你们不一样。桨手理论认为,除了基因的不同,还有第二个因素,就是组成你身体里的这些基因,除了它们优秀不优秀以外,还有一个它们能不能很好地协作的问题。有可能它们本身都挺优秀的,可是在你这儿不匹配,会打架。我愿意用桨手理论来解释梅西在两个球队中的落差。马拉多纳老说他们不配跟梅西合作。这说法是很偏执的,我认为还是桨手理论的问题。不是能力低下,而是不匹配。好的匹配是不同特征、个性之间的很好的合作。在梅西的球队里,看不到其他球员的个性。我不相信他们原本就没有个性和特长。马拉多纳的球队里看得见别人的个性,比如卡尼吉亚。不一定是梅西的压制,有可能是不匹配。

中国是个健忘的民族,我提一个名字,如果你不知道,我有足够的理由说你是伪球迷。你知道中国有个球员容志行吗?中国足球这么差,但是当年容志行连续三年当选全国十大体育明星。容志行球艺、球品非常高。有个记者问容志行:中国足球队11个队员要都像你这样是不是中国足球就出线了?容志行说那就砸锅了,11个人11个角色,有前锋，有前卫，有后卫，有守门员，11个人有11个人的特长，组合在一起才行。就像我说的桨手理论，配合的水准非常重要。

C罗

C罗这次比赛表现要比梅西强太多了，可惜他的球队没有接着往前走。我用三个字概括C罗：狙击手。他是顶级的狙击手，捕捉战机，嗅觉好得厉害，在瞬间能调动全身的每块肌肉，跟球做一个好的接触，要打出角度，打出力度。狙击手是单纯的，狙击手不必全面，狙击手是一俊遮百丑。他可以是片面的，所以他的特征应该说跟梅西、内马尔不一样，那两位球技全面，他是狙击手。足球这个项目进球是决定性的，所以狙击手起的作用非常大。贝利、马拉多纳都不是狙击手，全面，无所不能。而C罗是狙击手。

C罗、梅西、内马尔三个人当中，C罗相对说是最像战士的。内马尔，好像不太像个战士，这也成全了他，他需要松弛，松弛能让他有顶级的发挥。这跟战士的特征不一样，战士这种角色不是非常依仗于松弛。

姆巴佩

不能光说这些很快出局的超级明星，好，我们说姆巴佩。世界足坛上，在我的记忆当中有过三匹快马，第一位卡尼吉亚。1990年世界杯，阿根廷队虽然有老马，但是整体实力还是巴西强，巴西队一直压着阿根廷打，阿根廷全场几乎只有一次机会，老马从人缝当中一记直传，卡尼吉亚接到后风驰电掣，一脚射进，巴西出局。卡尼吉亚能跑多快？两个说法，一个说法是百米10.23秒，已经很快了；另一个说法是他年轻时参加南美20岁青年田径锦标赛跑出了10秒07的成绩。

第二位快马，罗本，上届世界杯当中我认为梅西和C罗都逊色。罗本跑得太快了，我认为罗本可以搞十项全能，他力量太好了。各队后卫明知道罗本的冲刺能力，企图冲撞罗本，但他们是裸跑，罗本是带球跑，罗本还常常将后卫顶翻。顺便问问，各位觉得中国足球这些年来谁的身体最棒？（一听众答：范志毅。另一答：郝海东）答郝海东是离谱的，郝海东是技术好，不是体能优异。回答范志毅靠谱，范算体能第二吧。第一是孙继海。知道他爹干什么的吗？孙继海他妈说："都说继海体格好，跟他爸比差远了。"他爸爸是"文化大革命"期间中国的十项全能的老大。有这爹，身体能差吗？我看罗本能当十项全能运动员。

  我再跟大家讲一点足球的技艺，你就知道我是在行的了。我们中国的球星，特别是边锋，往前挺进遇到防守队员的时候，晃动后肯定是溜边，然后下底传中。这在罗本看来嗤之以鼻。罗本怎么干？他是晃动后内切，内切后择机打门。我们中国最优秀的边锋的溜边其实比较容易，人家放你到这儿，不让你内切，到中路就威胁大门了，到边路大不了一个传中，我们好几位高大后卫把球顶出去就完事了。我们有几个人敢内切？所以我们解说员也总说：下底，边路传中。这些解说员干这个工作这么多年就没看出门道。国外球员控球时，边上有人，也有空间，但不传给他，为什么不给他？不得已才给他，只要有办法就在中路传递，中路随时可以起脚射门。我们的解说员基本看不懂足球，我估计我们的教练将近一半不懂内切和溜边的巨大差异。这是我从他们的常规套路中得出的判断。在国外球队，你不往内走，只往外走，队友会骂你胆小鬼。你看罗本是世界顶级选手、内切的老大，当然罗本有那个力量和速度。

  这届终于涌现了一匹快马，姆巴佩。在多少年足球历史上他是跑得最快的三个人之一。电子测试罗本的速度是每小时37公里。1小时3600秒，每小时37公里就意味着10秒钟可以跑100米以上，当然这不是他的百米全部速度，是他最快的一截，百米赛还有起跑，从静止到启动很耗费时间。我估计罗本正式跑百米的话，10秒3、10秒4能拿下来。问题是姆巴佩用电子测算是39公里每小时，练练起跑的话百米跑能进10秒了。在座的不会有人不知道博尔特吧，博尔特的百米纪录是9秒58，喜欢田径的都知道这是吓死人的。博尔特整个百米按小时平均是37.6公里，比姆巴佩还慢，但博尔特跑百米的时候到70米时是他的顶级速度，那时候的速度是每小时43.9公里，姆巴佩是39公里。

按照法国田径队教练的说法，姆巴佩搞田径的话最适合做 400 米运动员。对以上三人的百米成绩估计，其实我是存疑的。竞技体育从来与夸张和制造神话密切关联。

卡尼吉亚那时候没有对球场上速度的电子测算，但是卡尼吉亚测过百米。罗本和姆巴佩的百米成绩无人提供。卡尼吉亚跟马拉多纳是伙伴。马拉多纳最知道这兄弟的潜能。1990 年世界杯，阿根廷后来跟德国决赛输了，卡尼吉亚之前两张黄牌没上场。马拉多纳说，卡尼吉亚如果上场，比赛有可能是另一个结局，说明老马是多么看重这个伙伴。上届这么多大牌队员，C 罗、梅西，但最冒尖的是罗本。这届我们看到，姆巴佩可以外道超人，你在里头，我比你跑得距离长，那也跟不上，你拉他一把都没用，速度起来后太惊人了。今天的世界顶级足球比赛上，为什么一匹快马这么样引人注目，甚至比球技都管用？是因为刚才我跟你讲俄罗斯的时候讲到的，体能太强，90 分钟能跑 1.3 万多米，搞成了一个流动的墙壁，其缝隙瞬息消失，要穿透这瞬息消失的缝隙得靠顶级的快马。所谓"人中吕布，马中赤兔"。赤兔马是什么马，大家知道吗？就是汗血马。人中姆巴佩，马中汗血驹，罕见。

日本人

下面说到这届杯赛中很让我感动的几个镜头。

第一个是大家都听说的，但是我不厌其烦再说一下，日本队跟比利时打了一个冰火两重天的比赛，先是 2∶0，然后被逆转。他们出更衣室的时候把更衣室收拾得干干净净，写上一句俄语：谢谢你们的接待。我初听到这个新闻的时候是惊骇，因为我知道队员到了更衣室以后是何等悲哀，多数球员必是痛哭：我们即将改写日本足球历史，但是壮志未酬。然后走的时候，带着这种心境能把更衣室收拾干净了。但是后来日本的足球队长接受记者采访的时候说，不是我们收拾的，是我们的随队工作人员。但这样你也得服气，这个球队还能想到这一层。还有日本的观众，看完球把他们所在的观众席收拾得干干净净，别处都是满目狼藉。

这个民族做事的认真让人震惊。你不服不行，事情做出来了。

韩国人与德国球星换球衣

大家知道在中超踢球的金英权，他是本届杯赛韩国队后卫线的中坚。他们把德国队踢败了。但是在世界球坛上，金的江湖地位跟德国球星胡梅尔斯差远了。比赛结束时，他走到这位球星面前恭敬地跟人家说："能跟您换一下球衣吗？"这是事后金英权说的，这位德国球星说："我们输球了，现在交换不合适，一会儿到更衣室门口我跟你换好吗？"金英权听了以后极为失落，觉得这是一句托词，没戏了。韩国球员还在球场欢庆，向韩国球迷致敬，围场转了半天，来到更衣室门口时，这个德国兄弟站在那儿等着他呢：OK，给你换球衣。金英权说见识了世界大牌选手的品德，服了。

让你心服

第三个令我感动的事，就是伊朗队对丹麦队的比赛当中，伊朗球员听到哨声响起，就在自个儿禁区里把球拿住了。不曾想那是野哨。裁判判定罚点球。他上去理论，无效。罚点球的丹麦队员一脚把球踢到天上去了：我们赢球不是这个赢法。这非常让我感动。这样的境界在选手当中时常可以闪现，我给大家说几段。

那年乒乓球世锦赛，大家知道有一个叫瓦尔德内尔的，这是不世出的天才，对江加良。裁判判江加良发球犯规。江加良罢赛了。中国选手也就是在乒乓球上能这么牛，因为我们有这个底气。江不打了，一屁股坐在台子上，要求换裁判。比赛停顿了好一会儿，大概中国队的教练出来做了工作，江加良才又回到比赛上，继续发球。球发过去，瓦尔德内尔一板把球打飞：刚才那球不是有争议吗，哥儿们，这分我不要，咱们重新开始。这是一流球手的境界。

我再跟你说第三段，在座的因为年龄关系更不知道了。20世纪70年代之前很多国际比赛，包括奥运会，中国是不参加的。那时候中国羽毛球很了得，但是不能参加全英羽毛球赛。印尼有一个高手，是华裔，在印尼生活了好多代了，他中文名字叫梁海亮，印尼的名字叫哈托诺，他获得过8次全英羽毛球男单冠军。当时中国两个顶级选手，汤仙虎和侯家昌，因为以上关系不能跟他交锋。后来李永波带队的时候，把汤仙虎请来教男队单打。汤仙虎是个老头子了，他示范发球的时候队员看傻了，汤仙虎可以站这儿一个个发球，球落在底线上排成一排。当年《新体育》杂志封面上汤仙虎扣球，拍子是一道光。梁海亮说过这么一句话：不打败汤仙虎、侯家昌就不是世界冠军。这是什么境界？这才叫体育家。

中外教练的报酬对比

这第16个断想，给大家念一段话。网上给出了各队主教练的年薪：法国主教练德尚年薪350万欧元，巴西主教练350万欧元，俄罗斯260万欧元，英格兰200万欧元，乌拉圭170万欧元，比利时100万欧元，克罗地亚55万欧元，瑞典45万欧元。这8个国家队主教练年薪加起来是1530万欧元。中国男足主教练里皮的年薪是2300万欧元，高于他们8个人加在一起。这个钱要是中国政府出的话，我作为一个纳税人要抗议。如果是某大款私人捐助的话，我无话可说，顶多问一句，您这是在做甚？中超每年发给球员的薪水是32亿元人民币，我们中超16支球队495个球员，平均年薪是646万元人民币。有的球队如果是政府养的，或者如果是国企养的，我作为纳税人有意见。如果是私企开的，他愿意烧钱，我无话可说。

纵谈体育文化

崔乐泉

山西是个文化大省、人文富足之地,到这儿来我有点紧张,因为和各位做文化的交流本身就是一个厚重的课题。当初田老师跟我联系的时候,其实我的本行还是讲体育史,梳理古代体育项目,虽然对体育文化这几年也做了一些分析,但是也不是很深入,比较抽象,这也是我紧张的原因。

山西来过几次,但是像这种情况我还是第一次。所以说今天起了个题目叫"纵谈体育文化",把什么叫体育文化、体育文化的关系、体育文化涉及的世界不同文化类型(东方体育文化、西方体育文化)等等,我利用考古资料作为佐证,向大家做一介绍。

大家知道,体育,可能我们都了解,但是体育作为人类文明的产物,实际上跟其他的文化形态是相伴而行的。过去,体育不是一种独立的形式,像现在我们看的杂技舞蹈等等,在过去基本上是融在一块的,现在有些杂技的形式与体育还是主导相关的。所以说,体育在历史上是与其他文化形态相伴而生的一种文化形态,因此体育理所当然的是文化的重要组成部分。体育是通过人的机体而进行的一种文化实践活动。讲到文化,文化就是人类在实践过程中获得的能力和创造的成果,所以我们把体育作为一种文化现象来加以认识,便产生了综合全部体育活动的一种上位概念与文化。从这个角度来分析,今天的讲座,我就从这四个方面给大家做一个汇报：一个是体育是一种文化，因为我们老是问大家为什么体育是文化，谈谈我的理解；第二个是体育文化是体和魂的统一，不只是像人们说蹦蹦跳跳的身体动作，它里边含着一些精神的东西，它本质是人化，更是化人，互相转换，互相影响；第三是我们常讲的体育文化里边有东方体育文化，还有西方体育文化，这怎么理解？它的内涵是什么？有什么区别？第四就是我们中国体育文化未来的走向是什么？发展的趋势是什么？它是民族性与世界性的统一。

我们讲第一个方面，就是体育是一种文化。

我们先看看什么叫文化。上次来讲的郑也夫先生对文化有精深的研究，我搞活动曾经请他做过讲座，他也是讲的古代奥林匹克运动会。所以说我们谈文化可能每个人有每个人的不同理解，因为这个文化从大到小、从狭义到广义，都有不同的含义。但是我们每个人从小都可能要经历这么一个阶段，无论农村出身的，还是在城市长大的，认为文化就是识文断字，这就是我们平常认为的文化的概念了。其实在学术上我们一般称的文化都是人类创造的物质和精神成果的总和，当然这里边经过细分，包括物质的、制度的、精神的，它几乎是一个无所不包的概念。

现实中我们称的文化是什么？就我们头脑中理解的，可能每个人想文化实际上就是一种精神的东西，存在于我们理解的思想理论、宣传教育，还有新闻出版、文艺演出、文物管理等等领域，这是现有的最大和最小值。这是我们对文化的一个概念的理解，它实际上还是一种精神的东西。但上述这些概念仅仅是从概念的外延方面来说的，并不涉及本质。

其实关于文化，教科书上有很多解释，我们常说一句古诗"横看成岭侧成峰"，有人说文化有200多种概念，有人说有400多种。不同的概念有不同的解释，每一种解释可能只是文化的丰富内涵的一个部分。但是归根结底，我们可以说文化的一个特质就是文化是人之所以为人的本质所在，文化是人的本质特征，也就是说，没有人就没有文化，文化是人创造的。我们必须掌握它，必须了解它。如果要界定的话，这是一个最根本的基础。

古代的思想家荀子曾经有过一句话，实际上很适合我们对文化的解释，对人创造的解释，它是什么？"水火有气而无生，草木有生而无知。"水火有气息而没有生命；草木可以生长，但是没有智慧。禽兽虽然知道怎么做，但是它不讲义气，有的禽兽生下来以后，一下把自己的母亲吃了，这是禽兽的道义。但是人具备了智慧，具备了道义，所以说人是天下最贵的。荀子还说什么？说人在力气上不如牛，在速度上不如马，但是为什么能驾驭牛马呢？因为人能合群，动物在某种程度上不行，它不如人。所以说人有社会属性，有礼义廉耻，有精神世界，有精神追求。文化是人类所特有的，世界上如果没有人也就没有文化，所以说文化是人自身为人的本质所在。如果说得更实际一点，文化是指人在改造客观事件、在协调群体关系、在调节自身情感的过程中所表现出来的特征：一个是时代特征，一个是地域风格，一个是民族的样式。这里涉及几个方面，一个改造客观世界，一个协调群体关系，一个调节自身情感。一种文化肯定包括这三个方面，如果拿这个来对比我们的体育，实际上我们必须拿出这三个特征，一个风格一个时代来界定，因为它表明文化不应该是统一的、一致的，而恰恰是不同的。所以有人说文化全球化，全球化可以，但说文化是统一的、全球统一就是错误的。经济一体化可以提出来，可以做具体分析，但是文化就不能这么提，所以说人是文化的创造者，同时也是文化的创造物。文化是人创造的，但文化又反过来会影响人的生存和发展。人为什么从原始社会发展到现在这种社会状态？文化的影响起了决定作用，当然还有人自身的进化问题。人类就这样在不断创造新的文化、新的历史和新的文明，不断向前发展。这是我们对文化的一个大体解释。

讲到这里，可能有些老师就说，你还是没把文化的定义说出来，我只是把它的本质说出来，给文化下定义的时候应该强调什么？我没法给它定义，现在谁都没办法给文化下定义，所以要靠自己理解。讲到这儿，我们来看体育。我们知道古代并没有现在这样完整的体育概念。在中国在国外都是这样，"体育"这个词真正产生于什么时候？是19世纪80年代以后，我们从日本引入的。"体育"这个词源于日语，就是中国的"体育"两个字，当时许多的教育家和社会学家都知道从德、智、体三个方面来实行教育，而通过身体活动进行教育，自然就是体育了。

所以说体育最早是从教育这个角度提出来的。当然，到了20世纪20年代以后，许多国家陆续将原来学校中的体操课改为体育课，"体育"才逐渐地使用起来。到现在为止，"体育"的英文 physical education 实际上是一个反映教育组成部分的体育内容，这个概念实际上用得最多。但是对这个概念还是有异议，有不同的解释，因为它不能概括当今体育的全部内容。我们搞体育的知道，体育的内容是越来越广阔，最近又出现了电子竞技，亚运会的项目，再过多少年，体育这个内容还不知道会怎么扩展，所以说想从英文中来给它确定概念很难，所以现在许多人又抽象地用 sport 来作为大概念使用。比如好多机构的名称翻译成英文，就有不同的解释，所以说就跟文化一样，体育本身也是很难给它下具体的、确切的定义的，因为社会是在发展的。

中国自古就有着丰富多彩的体育活动，但是地理环境不同、历史传统不同，还有国情这些都跟西方有很大区别，所以，我们古代的体育活动完全不同于其他社会的。西方产生了最早的古代奥运会，它虽然看起来是独立的项目，但实际上与宗教仪式有着的密切关系。中国的古代体育没有形成一个相对独立的有机统一体或者是理论方法，更没有出现一个概括有关体育概念的术语。汉代的百戏，汉代的画像石，实际上描述的都是我国古代体育的内容，同时它又是属于杂技形式的内容之一。

1898年戊戌变法以后，"体育"一词开始从日本引入中国。刚才我讲从日本引入以后，与之前在中国流行的体操意思并行。五四运动以后，美国实用主义教育学说理论传入中国，早期我国的体操意思才逐渐统一到体育当中。近代我们最早不叫体育，叫体操，它里面包括普通体操、兵式体操。李鸿章领导的洋务运动，军队里边的训练利用的手段就是兵操，包括德式体操、瑞典体操、日本体操等等。后来"体育"一词传入，"体操"跟"体育"并用。再后来用"体"凸显"体育"意思，到现在为止，体育已可以包括现在田径、球类等所有运动项目。

综观我们刚才介绍的体育发展过程、人类体育的历史进程和发展演化，我们看出来体育无论以何种形式存在，它都有这么几个特征：第一，从人与自然、人与社会之间的关系来看，体育是人们为适应自然环境和社会需要而进行的自觉改造，这里边包括完善优化和开发自我身心的行为、调节自我执行等内容。第二是从主体与客体动机与效果的关系来看，体育的主体与客体就是对象、动机效果还是统一于人的自身，还是围绕人来进行的。第三，从内容和形式来说，我们看每一个项目都是身体练习的人的自身运动，是通过人来实现的。有的人认为这几个特征与我们讲的生产劳动、杂技舞蹈太相像，是不是一样东西，其实它们之间还是有区别的。

怎么区别？体育运动跟生产劳动之间有一些相似的地方，第一，它们的主体都是人；第二，它们都是人的有意识有目的的社会行为；第三，它们都是人的实践活动；第四，它们都会使人的身心发生变化。我们看看干活，无论是下田野还是做其他的劳动，都与我们体育运动在这四个方面很相似。但是二者还有很大的不同，有哪些区别呢？首先就是劳动的课题是大自然，而体育的课题是人的自我身心；第二是劳动的目的效果是生产物质财富，但是体育不一样，体育主要是改善人的身心；最后，劳动是维系人生存的社会实践活动，为了吃穿，为了今后的发展，但是体育是优化人类自身的实践活动。我分析完这个，大家可能就清楚了，劳动和体育确实还是有区别的。

劳动和艺术活动又有什么不一样？像好多体育项目，包括艺术体操、武术、体育舞蹈等里面也包含有艺术活动。艺术活动包括杂技舞蹈等，与体育运动也有相似的地方，但是它们都是通过形体语言去展示或者表演某种预定的情节，从而表现一定的思想感性的人的智慧。当然，某些体育运动，像艺术体操和体育舞蹈等等，也有表演的功能，甚至还尽力表达某种思想情感，但是这只能表示体育和艺术的结合，丝毫不能说明体育本质的任何改变。体育的内涵深处的挖掘和艺术、杂技还是没法比的。这是它们的区别。

讲到这里，我们就可以对"体育"做出一个表达，这是我的一个分析，大家看对不对。就是体育是人类为适应自然和社会，以身体点为基本手段而自觉地改善自我身心、改造客观世界的活动，也就是说体育是人类以自身运动为主要手段，改造自我身心的一种文化行为或者文化过程。所以说，体育在这儿就是一种文化行为和文化过程。体育本身就是一种文化，正是因为体育具有改造客观世界、协调群体关系和调节自身情感的作用，所以说，它通过这种作用的过程来表现一定的时代特征、地域风格和民族样式，因此体育理所当然是一种文化，而且从某种程度来说，体育还是一种玩的文化。因为它跟其他方向比，它的内涵特征还更深一层。

我们初步把一些文化概念给大家介绍一下，谈了谈我的认识。讲到这里，我们可以延伸下去了，我们讲讲体育文化是什么。体育文化实践是体和魂的统一，其本质是人化，更是化人。其实这个题目可能大家听起来比较抽象，下面我就尽可能给大家稍微解释一下什么叫"体"、什么叫"魂"，什么是人化、什么是化人。由体育的属性上来说，体育文化与我们常见的体育竞赛同属于体育的基本概念，因为它在反映体育与其他事物之间的相互关系的同时体现着人们在通过体育活动调节自身情感、协调群体关系这一系列的过程当中所展示出来的时代特征、地域风格和民族生活样式。

我们再来看一下体育的时代特征。从发展过程来说，体育可分为原始时代的体育、文明时代的体育，从产生文字的角度可以这么分。如果从地域风格来说，可以分为草原体育文化、水域体育文化、山地体育文化。好多体育项目从民族的样式来看是不同的，各有特点。北方草原与西南地区山地的体育项目不一样,而且水域的体育文化和中亚地区又不一样,这是从地域风格来说的。从民族生活样式来说,体育文化就更加丰富多彩了。中国,还有日本、韩国的体育文化都是东方的;古希腊、雅典、罗马的体育文化都是西方体育文化之源。中国有汉族体育文化、满族体育文化,还有壮族体育文化等56种民族体育文化。实际上每个民族的体育文化都有不同的表现形式。

清代的秋千跟现在的秋千基本上没啥变化,现在的踢毽子基本上是从清代延续过来的,还有古代放风筝和现代放风筝、古代的蹴鞠和现在的足球,它们的基本形态是一样的。古代的捶丸跟现在的高尔夫特征几乎完全一样,古代的围棋到现代的围棋,古代的龙舟竞渡到现在的划船项目,古代的滑冰到现在的冰上运动项目,好多项目的特点是一脉相承的。

体育是一种以人类自身运动为主要手段而改造自我身心的生活样式,然而以文化形式所表现出来的体育文化必须是物质的和精神的统一。我们可以将它理解成体和魂的统一。

什么叫体?什么叫魂?

我们再看,实际上人的活动本身是物质性的,它包括体育社会风俗,还有体育行为习惯。当然,与人的活动有关的还有体育实践风格的层面,还有体育规则与规范体系的层面,还有体育组织制度和运行机制方面。这是体。

魂就是我们通过体育文化活动所追求所把握的方向和尺度,它的核心是价值和价值体系,它体现在体育的理论概念、体育的思想方法、体育的价值导向中。

所以,我们观察和理解体育文化,不要光见其有形之体,还要视其无形之魄,魂体统一,才构成我们生机勃勃的体育文化体系。著名的文化学家梁漱溟先生曾经有一句话,他说文化归根结底是人的生活样式,套用到体育来说体育文化的本质,理所当然就是人的体育的生活样式,也就是说要联系人的活动的方式、体育的活动方式和体育活动过程,以体育的生活样式来理解体育文化。

人是创造文化的主体，也是创造体育文化的主体。所以，体育文化就是体育活动，按照人的方式和标准去改变环境和人自身，其中包含着深刻的人化和化人的问题。人化什么？就是体育文化的人化，实际上就是在体育活动中按照人的方式去改造世界。所以我们好多动作的设计规范都是按照人的方式来进行的，不能违背人自身的生理规律。任何一个体育活动相关的事物都带上人物的性质，这是人化。化人就是体育文化的化，体育用这些改造世界的成果来培养人、来装备人、来提高人，使人的发展更加全面、更加自由。所以体育文化是化人，是人化的一个环节和成果、层次和境界，更是体育文化主体本质的体现。这是我们讲的第二个方面。

实际上，我们前面讲的是比较抽象的，是从概念方面来做的一个分析，方便大家理解我后边讲的这些文化，它是一个基础、铺垫。后面我就结合一些实际的东西给大家谈一谈。

第三是东方体育文化和西方体育文化。

首先是东西方体育的历史渊源，实际上研究体育、从事体育工作，必须了解体育的由来，体育是怎么发展过来的。在非洲尼罗河流域，古代埃及的体育很早就产生了，在南亚次大陆的印度我们也发现了古代传统的体育活动瑜伽，在爱琴海、地中海领域的古希腊、古罗马的体育活动就是古代奥运会。每一种古代文明都有着自己的形式多样、风采各异的体育活动，这些都为后来体育的世界级发展做出了贡献。

但是我们从整个世界的范围来看，随着文明时代的到来，人类的体育形式受地域和文化环境的影响，其个性始终是以西方和东方两种形态在不断丰富发展着。西方主要是以古希腊和古罗马体育为代表，而东方就是以中国的古代体育为代表，为何不说以朝鲜为代表？以韩国与日本为代表？因为它们都受到中国的深远影响。儒家文化圈的体育活动是在中国的影响下发展起来的，所以说东方和西方都是当今世界体育运动的摇篮。

在中国的传统文化中，体育是作为一种礼仪的形式存在，但是在古希腊它是在激烈竞争中存在。虽然我们看世界体育具有不同的特征，但是它发展的实际顺序是不一样的。当世界的绝大部分地区仍然处在混沌蒙昧状态的时候，以中华民族为代表的古代东方体育文化就已经于公元前5000年左右开始向文明社会过渡。公元前5000年就是距今7000多年前，中国正处于新石器时代早期。在这样一个相对先进的社会历史条件下，东方民族的体育文化便逐渐形成了自己的个性。东方不仅成为人类文明的体育发祥地，同时为整个世界体育的发展做出了很大贡献。举个例子，中国夏商周时期就形成了以体育为主的教育，而且与后世各项运动规则相类似的某些体育运动项目的规则也在当时开始出现。如古代踢足球的规则在汉代就出现了；中国古代的《丸经》记载的捶丸，就是现在的高尔夫球这种运动；现在围棋的段位制就是在魏晋时期传到日本的。这些都对后世体育产生了深远影响。

同一时期，公元前5000年左右，欧洲是什么状态？以欧洲及地中海地区为代表的西方古代体育才刚刚起步，要经过公元前8世纪至5世纪的创造和发展，新的体育才逐渐形成。你想公元前5000年左右，我们中华民族的传统体育已经具有了一定的形式，但是欧洲却还处在一种懵懂状态，到了公元前8世纪至5世纪，西方体育才逐渐形成，世界体育这个时候才真正开始。东西方体育两种不同的类型交相辉映，平行而不同步发展的新的阶段也就此起步。

世界体育在其发展的初期是东方体育起主导作用。到了公元前15世纪，出现了一种民俗性的斗牛活动，到了公元前5世纪才出现古希腊的角力竞技，就相当于我们现在的摔跤。到了1896年第一届现代奥运会，西方体育作为一种现代体育的形式开始出现在世界舞台上。作为东方体育文化典型代表的中国体育，过去的体育项目丰富多彩，甚至有几百种之多，这在其他国家和地区是不多见的。我们举几个例子，大家看，第一就是摔跤，汉代的角抵具有摔跤的形式，那就叫角抵、角力。但是到了金代，就是宋辽金元的金，出现了另一种摔跤的形式，跟日本的相扑非常像。所以日本现代相扑是在魏晋南北朝时期传过去的，甚至"相扑"这两个字都是我们中国人创造的。我们看古代的足球，汉代画像石上已经出现了女子踢足球的画面。还有刚才讲的捶丸，捶丸运动员也基本上是延续过来的。所以讲到世界体育的渊源，东方体育在古代、在早期历史中占了主导地位。

其次讲的是东西方体育文化的历史特征。既然东西方体育文化的发展过程在时间上是不同步的，后来经过一段时间的发展才具有了一定的共同性，那它们的历史特征有什么不一样？它们在精神内涵，在理念选择、价值取向以及表现形式方面有什么不同？

我们看看东方体育文化主要包括哪些。可能有人说你经常讲东方体育文化，什么是东方体育？它包括哪些内容？我这里总结了一下，主要包括中国体育文化、包括社会主义旧模式的体育文化，还有印度体育文化，还有伊斯兰教体育文化，这些可以属于东方体育文化的范围，所以它们有一些共同特征，都是在工业文明之前发展起来的，以农牧业生产方式和生活方式为核心的社会中的体育文化的构成，这是我们东方的体育文化。西方体育文化是源于古希腊罗马的西欧体育文化，经过文艺复兴和产业革命，在工业生产、商品竞争的社会条件下，以城市为中心发展起来的，主要是以运动项目的竞赛为特征的近现代体育文化，它可以说是以一种海洋性体育文化作为主体。这是我们总体上给出的东西方体育文化内涵特征的不同。

具体而言之，东西方体育文化具体的精神内涵和价值取向都不一样。这里我们就结合项目给大家谈一下东方体育文化。东方体育文化专注于人的内心道德良知的发掘。你可以介绍中国体育项目，特别是民族传统项目，但你别去结合现在的奥运项目，现在的项目跟我们传统项目的不同更多地体现在人的道德修养上。中国传统儒家文化影响下形成的伦理精神对于传统体育文化的形成和发展都起着至关重要的作用。这是东方传统体育文化的理论支柱。

我举个项目，唐代的木射，这个项目估计好多人不知道。但是学过体育的人应该了解这个木射有什么特点。打过保龄球的就知道，木射跟现在保龄球的基本特征一样，它是由 15 根圆柱组成，其中 10 个柱子上用红色写上仁义礼智信温良恭俭让，这是好的。另外 5 个柱子上用黑色写什么呢？慢傲离贪婪。15 个柱子摆到前边，与你隔开一定距离，你用地滚球去击这些木柱。本来是一种竞技游戏，但是它掺杂了儒家文化的一些理念就不一样了。打到红色柱子，说明你这个人品质非常好。但是打到黑色字，就说明你这个人品质有问题。这是一种体育比赛，从古代的体育当中我们可以看到文化的映射，这是我们的精神文化内涵。我们好多民族体育项目，实际上仔细发掘一下它发展的来龙去脉，里边都包含这些精神文化内涵。

但是西方体育就不一样。西方体育文化受西方文化中希腊多神教以及律法主义的犹太教向基督教转变中所导致的超越精神的影响，在体育文化中变成一种浪漫的、自由的、不断征服的超越精神。我们看看现在的奥林匹克项目以及其他相关的项目，你看看它是不是浪漫的、自由的、不断征服的、超越的？像古希腊混斗比赛，参赛运动员全是裸体的，而且混斗比赛是不限动作的，不像现在的拳击和摔跤运动有具体规定哪里不能击打。由此可见，二者的精神内涵总体上是不一样的。

还有理念选择，东方体育文化理念是什么？它的价值取向、个人价值取向标准，经历了一个从重肉体到重精神，尤其是重道德之美的过程。所以说东方体育文化所形成的重视精神建设而忽视身体建设的原则对体育文化的影响也至关重要。过去我们也有提过古代体育重文轻武，实际上它存在着重精神轻身体的选择依据。

现存于国家博物馆的《明宣宗行乐图》真实地记述了明代皇帝参加体育活动时的一系列动作，其中有捶丸，还有射箭，还有踢足球。皇帝坐在亭子里观看足球比赛，它不像现在踢足球那样是两边都有一个球门的比赛，而是类似于现代的技巧性表演，是非常优雅的一种技巧性的表演。可见，东方体育文化的理念选择是不一样的。

我们看看西方体育文化，在西方，理想的人物不仅具有善于思考的头脑，或者是感觉敏锐的心灵，更是血统优良、发育健全、身手矫健、擅长各种运动的竞技家，古希腊人认为匀称、强健的形体是一切善与美的本源。这种对利益的崇拜与对肉体的赞美，构成了西方对健康人格的基本审美倾向。这种倾向影响了西方体育文化的构成。斯巴达人的孩子生下来，身体不行，马上就淘汰，这样就影响了他们后期体育的发展。古希腊的体育竞赛跟我们中国传统体育的理念选择完全不一样，价值取向也不同。

东方体育的价值取向是什么？它表现中庸中和的价值原则，强调的是通过养生，通过人体与自然相互交融，汲取日月精华与天地灵气，进而达到五脏六腑互相协调。它追求的是什么？它追求的是沉心入境。就像我们的传统体育并不去刻意追求外在负荷强度。但是西方的体育文化趋向另一个维度，它称颂人体外形，健美的肌肉、健壮的体格是人追求的目标，也就是说通过体育锻炼要达到肌肉与力量、速度的完美结合，强调通过具体的大负荷的肌肉训练来塑造完美的人体形象。古希腊的拳击手肌肉发达，整个体型跟东方人完全不一样。

东西方体育文化的表现形式不一样。东方体育文化的根本出发点是保健养生，注重的是在宁静冥想中悟道，在动作上模仿动物，以求形，还有向心为主，强调小肌肉群、小关节参与动作的选择。许多中国传统项目一般没有严格的规则限制，但十分讲究技巧，讲究套路与公法，注重休闲与养生。实际上，古代的医疗体操代表了中国传统体育项目的一个典型。像武术，为什么武术进入奥运会一直受挫？就是因为武术在奥运会里作为一个项目的话，它的打分有一定难度。但是为什么韩国的跆拳道进去了？实际上已经去世的韩国的国际奥委会委员金元龙就说，当时在他的努力下，韩国跆拳道进入奥运会比赛项目以后，跟其原始形式相比，损失了将近1/3的原始形态的东西。因为要进入奥运会就必须适应现代体育的比赛规则，必须减少一些传统的东西。武术要进入奥运会，说实在的，损失更大，何况现在还遇到很大阻力。

西方体育的表现形式是更快更高更强，这就是我们大家熟悉的奥林匹克精神，强调超越自然和极限，表现形式多讲究自然性，尽量要求动作舒展自然，强调要求大肌肉群参与动作的完成。西方大多体育项目对规则、场地、器材作出严格的要求，注重对人体解剖结构和生理机能结构的研究，形成了一套严格的规范性的理论体系。现代科技影响西方体育，它与现代科技的结合非常紧密。

所以，精神内涵理念、选择价值取向、表现形式这几个方面的差异使得东西方体育文化在发展中形成了各自的差异性。但是随着世界发展，随着文化的交流，随着世界体育文化的交流，随着历史的进步，东西方体育文化也在互相影响、共同发展。

东方的武术传到西方，老外开始练武术，中国人跑到西方去参与西方的体育项目，东西方交流的规模日益扩大。中国古代的足球跟现代足球也在发生碰撞。20世纪的体育史教材里就引用《史记》里大政治家苏秦到齐国去联合齐国抗秦，回国以后向国君汇报齐国老百姓在踢球、在斗鸡、在走狗的记载。后来在《汉书》里边也有记载，虽没有引起我们的重视，但是引起了原国际足联主席阿维兰热的重视。他后来就提出来说，靠中国能不能组织专家考证一下，现代足球的起源是不是与中国有很大关系。但是一直未引起重视。

到了后来，就21世纪初，山东鲁能队的领队韩公政给解维俊写了一封信，问能不能组织力量考证一下，因为古代足球很可能与山东临淄有关系。虽然同样没有引起世界重视，但却引起了一个记者的注意，这个记者叫常兆军，是《淄博晨报》的记者。他后来又写报道说要介绍古代蹴鞠是怎么发展的，但写了两篇就写不下去了，为什么？他没有掌握相关资料。正在为难的时候，有一天跟我的一个同学聊天，他说："蹴鞠有没有人专门研究，我觉得这个东西可以发掘一下。"后来我这同学和我说了这件事。当时我正在日本广岛大学做访问学者。他后来跟我聊了，说我给他提供资料就行。不想，这一写竟引起了有关人士的重视。

山东淄博市临淄区的区委书记叫解维俊，老先生知道这是一个发掘的点，很重视，马上就要找我的联系方式。就在有一天我上课结束的时候，突然接到一个国内的电话，对方说："我是山东淄博临淄区的区委书记解维俊，有个事想请你帮忙。"他说他们想搞一下古代蹴鞠的起源论证，问我能不能帮他们做成这些事。我说可以，我肯定有把握做好，这是一个双赢的事。

后来回到北京，我邀请了国内包括体育文化界、历史学界、考古学界、体育史学界的36位专家，当时我跟足协的副主席张吉龙联系，我们两个找了一帮人就到山东临淄去了。当时去了好多大家，经过两天的讨论，最后我们形成了一个决议。第二天举行新闻发布会，全国将近上百名记者、网络媒体都到了，长枪短炮对准我们，最后我们的结论出来，我们的结论是以现有的考古和文献资料为前提，中国古代蹴鞠（足球）起源于春秋战国时期的山东临淄，这个结论非常科学，一个是根据现有的考古目标，第二是中国古代没说是现代足球，但是足球起源地是中国山东的临淄，就是说你以后发现新的资料，你可以去纠正我的观点。这个资料一公布出去，马上记者在全国全世界发布。当然临淄区也高兴了，结果不久以后在北京举行文博会，布拉特亲自到北京来，与当时亚足联的秘书长一起宣布了这次足球论证的结果。

过了一段时间，2005年国际足联百年庆典的闭幕式请我们去了。当时布拉特主席的讲稿是我给他写的，我就把这个结论给写上了。结果他一讲话我蒙了，为什么？老先生把我的结论给改了。到现在为止，这个结论都不知道是谁改的。他怎么说？他说世界足球起源于中国山东临淄，不是我写的中国古代蹴鞠起源于山东临淄，这一下临淄人高兴了，山东人高兴了。最后，国际足联给山东临淄颁发了证书。现在，足球在淄博已成为一种产业，当地建立了世界足球博物馆，后来2008年奥运会上也进行了中国古代蹴鞠表演。但是我们不能说现代足球就是中国传下来的，恰恰相反，现代足球实际上起源于英格兰。古代蹴鞠还是起源于中国，它和现代足球互相之间也有所影响。

山西洪洞有一幅元代壁画，图中所绘跟现在的高尔夫球在形式上完全一样。1990年中国体育博物馆开幕的时候，我们把这个图临摹了去，挂在中国古代展厅的第一个画面里。当时是国务院副总理姚依林，还有国际奥委会主席萨马兰奇参加剪彩。剪彩完了以后，我们的老馆长带着他们进去参观，萨马兰奇看到这幅图就惊呼："高尔夫高尔夫！"他问这幅图在哪发现的、距今多少年。后来我们跟他说，世界最早的高尔夫俱乐部就在安德鲁斯，他们的规则比中国晚了400多年。我们说这幅图比最早苏格兰发现的高尔夫的考古资料早了370多年！萨马兰奇大声惊呼中国古代竟然有高尔夫！所以说，不光是足球，高尔夫在我们的古代也是有同样的存在，但同样不能说西方的高尔夫就是传过去的。当时的元代大军在欧洲被打败了，有好多士兵被俘虏过去。因为当时在军队里边有好多士兵喜欢这种项目，所以说他们可能把这个项目带到那儿与当地的运动互相结合，发展出来现在的高尔夫运动，这是有可能的，不能说没有影响。还有摔跤，刚才我讲了，从古代的角力到我们的相扑，后来相扑传到日本。上述这些运动项目与我们中国传统的体育文化有着密切的关系。

所以，体育文化的主体是人，它是人按照人的方式和标准去改变环境和人自己的。东方体育文化讲究什么？整体、中庸、和谐。而西方体育文化讲的是个体、超越、竞争。这一点我们比较一下现在的体育项目跟我们传统的一些项目大家就能看得出来。所以从人类发展与演变的角度来看，二者各有优劣，所以前者是自我面前的强者，而又是对象前的弱者；但后者使人成为对象前的强者，同时又是自我面前的弱者。一内一外，一刚一柔，这两者有机结合，可以充分发挥人的潜力、发掘人的能力，进一步促进人的发展，所以从人类体育文化发展的角度来看，世界体育文化只有如此结合才能更深刻也更丰富它的内涵。

最后一个问题，既然分析了什么叫体育、什么叫体育文化、东西方体育文化的区别以及它们的内涵、它们的不同价值规律、它们如何融合在一起，等等。那么也应该来看看世界体育未来会如何发展。我给它下个定义，就说它最后肯定要走向民族性、世界性的统一。

从历史发展过程来看，中国体育文化源于中国传统体育文化。从这一点我们可以看出来，中国传统体育文化是中华各民族共同创造，并经过几千年的优选和验证形成和发展起来的，它有较为完善的理论和方法体系，后期逐渐形成的是蕴藏着丰富内涵的一种文化保护。在当今世界文化交流发达、信息畅通、各种资源逐步实现共享的趋势下，中国体育文化将会更进一步融入世界体育文化。

中国体育的未来是什么？是民族性与世界性的统一。我们从几个方面来看：一个是文化形态，一个是活动形式，再一个是运动负荷及效果，还有一个运动术语的描述。

文化形态是强调中国古代文化传统中的体育文化，强调人与自然的交融与协调，并将自身作为体育形式中人体活动所应该遵循的原则，将人的体育活动范畴理解为人对自然的适应与统一，以及中国传统的独特的人适应自然的体育文化范畴。

还有，从活动形式来看，整体上东方体育文化凸显了一种明显的弱竞特点，在竞技上是比较弱的，这是体育的主体竞技性始终没有在中国传统体育的发展过程中得到充分展示的结果。像我们刚才讲的蹴鞠，它是不带球门的，最早是一种人对人的，还有单个人进行的技巧性的表演，到宋代才出现了带球门的比赛，但是到了宋代也只是在球门两边进行比赛，不是直接对抗的。到了明清又转化成一种游戏，只在儿童妇女当中流行。

还有一个是运动负荷及效果。我们古代的体育跟传统项目的负荷限定在一定的范围之内，活动的时间、活动的量和强度都有着明显的适度原则。达到一定的程度就行了，在效果上主要是通过活动参与者的主观感受及身体动作的外部特征来进行衡量，适度就可以了。运动的评价侧重于活动的过程，我们好多传统体育项目，比如投壶，还有我们刚才讲的捶丸，实际上都是控制在一个度的范围之内，不像西方体育强调更高更快更强。

还有运动术语的描述。刚才我讲了"体育"这一词来得比较晚，是从日本传入的。中国古代主要通过阴柔、阳刚、虚实相济等等这一类的术语来描述体育的一些过程，没有严格的限制规范。武勇是指的武术之类的，还有武艺，还有技击，实际上这几个都是古代武艺、武术的描写，还有角力、角抵都是摔跤的描写，导引养生行气都是现在保健体育的内容。

中国传统体育文化奠定了中国体育文化的基础，而当代的中国体育文化又在这一基础上融汇了社会主义旧模式的体育文化和现代体育文化。什么叫社会主义旧模式的体育文化？是指建立在社会主义公有制基础上的，在国家统一计划规范下，由行政指令统一指挥的体育化模式。这一模式实际上是由苏联首创的，尔后逐渐推进到社会主义国家。中华人民共和国成立初期的体育文化就是在这个模式上、基础上发展起来的。20世纪50年代，一些社会主义特色的体育文化体系，伴随着快速化整体化的移植，迅速在中国的土壤上开花结果。当时我们请苏联的还有保加利亚的教练到中国来训练运动员，中苏友谊比赛、中非友谊比赛等都是通过国家在行政命令计划之下举行，国家统一规划运动员的一切。因此，当代中国体育文化是一种既不同于传统体育文化，又不同于西方现代体育文化的文化表现形式。

所以，我们现在讲中国特色社会主义，讲中国特色的体育文化，它与西方体育文化、与中国传统体育文化都有很大不同，它有自身的特点。中国特色社会主义体育文化是以原有的中国传统体育文化的一些特征构架为基础，批判地吸收了社会主义旧模式体育文化和西方现代体育文化的精华而形成的一种新型体育文化。所以，我们现在从事的一些体育事业就是中国特色社会主义体育文化建设。事实上，当代中国体育文化包含了三方面的内容：一个是传统体育文化，从古代延续下来的，既包括民族性的，还包括民俗性的；另一个是中国社会主义旧模式的体育文化，就是我们过去总在讲的举国体制，实际上举国体制也在变化；再一个是西方现代体育文化，就是我们现在常见的媒体上甚至我们奥运会里面展示的现代体育文化。学校里的学生经常参与的体育运动，都是西方现代体育文化的影子。

这几年来，东西方两大体育文化的交流已经越来越引起人的关注了。这样一来，面对全球化的文化交流和体育文化交流的浪潮，以中国体育文化为代表的东方体育文化在与西方体育文化的交流过程中，必然会在文化多样化的基础上走向新的起点，而这起点是什么？是体育文化的民族性与世界性。我们看看这几年在中国举办的亚运会、奥运会、青奥会等等，实际上都在努力把中国元素融进去，这就是文化交流的结果。刚才讲到，蹴鞠就在北京奥运会上进行了表演，这就成为文化交流的过程。实际上我们在中华人民共和国成立以后，一直努力融入世界，特别是体育，但是中间遇到好多政治因素的阻拦，比如1958年退出国际奥委会等等，到了1979年重新进入。但实际上中国一直没有放弃。像20世纪60年代末70年代初，政府实行与亚非拉国家广泛结盟，包括1973年还有亚非拉乒乓球邀请赛在北京举行，在东南亚参加第一届新兴力量运动会，还有中国体育代表团从1974年开始参加亚运会，这些都是想让中国的体育融入世界。所以到了70年代，乒乓外交成为中国国际体育交流的重要途径，为70年代后期和80年代奥运模式的最终诞生奠定了基础，表明中国体育开始融入世界。

1971年，在日本名古屋举行世界乒乓球锦标赛。当时日本乒协主席是后藤钾二，他说中国是乒乓球大国，没有中国参加的世界锦标赛不完美，所以他及时来做中国的工作。到了国家体委的时候，几位领导人不敢答应，那时候国际关系非常紧张，后来就报告给周恩来总理。当时周恩来总理请示了毛泽东主席，主席说这个我们可以参加，运动员才跑去训练，当时训练非常刻苦，后来就参加了世界锦标赛。

比赛过程中发生了一件事。当时在名古屋的时候，各国运动员都有自己的独立训练场地，都有自己独立的班车。中国代表团跟美国代表团靠在一块。一天，中国的班车马上要开了，门要关的时候，突然有一个人拉开门上来，原来是一个美国运动员，要参加比赛的时候他们那个车把他落下了，他一看有辆车就拉开门上来了，结果一看全是中国人。他当时就呆了，可又不能下去。他就把头扭过去对着窗外看车子，我们也没赶他下去。那时候庄则栋就坐在车的最后边。虽然当时两个国家关系非常紧张，但庄则栋认为既然人家上来了，就应该主动上去跟人家打招呼。美国运动员本来就挺尴尬，又一看到是著名的运动员，打招呼都非常激动，拉着庄则栋就聊开了。然后庄则栋一看挺激动，就把随身带的一个杭州织锦送给了他。美国人挺高兴的，下车后不顾影响就拉着庄则栋出来，拿着织锦照相去了。这一个新闻当时在世界上引起了轰动。新闻很快就传到了北京，报告给毛泽东主席。当时再过两天乒乓球锦标赛就要闭幕了，国家决定，闭幕后邀请非洲跟加拿大的运动员到中国访问。美国运动员听说了，也想来，但是两国没有建交。后来有一天早晨吃过早饭，中国代表团副团长宋中正坐在那里，美国代表团溜达过来，最后忍不住还是打了招呼，说："听说你们要邀请非洲的运动员到中国访问，我们美国运动员能不能去？"宋中一听这个事不得了，那时候跟美国的关系非常紧张，他不敢表态，他马上把这个消息报告给北京。当时的国家体委把这个消息报告给了周恩来总理。周恩来总理也决定不了，又马上把这个消息报告给毛泽东主席。当时毛泽东主席有一个习惯是吃了早午饭，要吃安眠药，他吃完药不进房睡觉，就趴在桌上迷糊一会儿。他的一个护士长吴旭君守在旁边。当时毛泽东已经批示了不予邀请美国队访华，文件也返回去了。但是这个时候毛泽东迷迷糊糊地就突然冒出一句话来："邀请美国队访华。"守在旁边的吴旭君当时就惊呆了，马上说："主席，您说什么事？"他就故意问毛泽东，毛泽东说赶快邀请美国队访华，因为马上要闭幕了，美国就得回去了。吴旭君马上报告王海容。王海容是当时外交部的联络人，王海容又马上报告给周恩来总理，然后就有了命令东京的中国代表团邀请美国队访华。那个时候，美国总统尼克松正在美国国内关注着中美两国的局势，他也是想跟中国建立外交关系，就看体育上能不能突破。当宋中把信息传达给美国代表团，美国代表团一下子惊了，他们马上把消息报告给尼克松，尼克松当时就跳起来了，急忙说："好，马上就去，去了以后我们邀请中国队访美。"就这样我们把美国邀请到北京来了。进入罗湖海关以后，美国人大吃一惊，原本以为共产党是青面獠牙，结果一看老百姓都是普通人，很正常！到北京比赛以后，周恩来总理带他们参观长城，然后周恩来在大会堂接见了美国代表团。周恩来跟他们讲话以后就说："你们还有什么要问的？"科恩就站起来说："总理，我想问一句，您看看我这个发型，我穿喇叭裤，叫嬉皮士，说说您对我们的生活方式怎么评价。"周恩来总理就说每个人的生活方式不同，只要走正路，我们都赞成。科恩马上跟他妈妈通电话说了与周恩来总理的谈话。结果第二天，周恩来的桌子上放了一束鲜花，是科恩的妈妈通过国际宪法组织送给周恩来的。后来科恩回到美国以后，致力于中美交流，但因为身体不好很早就去世了，他妈妈在前两年90多了还来中国访问，还提起这件事。这件事之后，尼克松马上就邀请中国乒乓球代表团访美。

通过乒乓外交，然后尼克松访华，在上海签订了《中美联合公报》，然后中国开始进入联合国，中美关系打开了正常化的大门。中国从此开始慢慢恢复进入国际体育组织，然后有了1984年的洛杉矶奥运会。所以说中国体育走向国际、中国体育文化的国际交流，"乒乓外交"是一个很重要的活动环节。后来，名古屋国际奥委会会议做了一系列决定，台湾改徽改旗，作为中国的一部分，它不可以作为一个国家，这一切问题都迎刃而解。

之后，北京奥运会也融入大量的传统文化，包括西方文化。鸟巢，还有火炬，还有开幕式上的一些设计，都是文化融合的果实。这些文化现象也表明了中国文化与世界文化交流与发展的高度。南京青奥会也是中西文化大交流的一个舞台。2022年北京冬奥会将举行，现在全国各地正在掀起中国传统文化融入奥运会的热潮。

但是无论从历史的分析还是现实的观察，东西方体育文化实质的差异还是存在的。历史上东西方体育文化都是有着各成一体的一统的历史合理性，不管从它们各自的起源发展演变，还是社会价值来看，都能说明这一点。当然，这种差异性的存在也成为我们正确的把握东西方体育文化发展的前提和基础。因为中国体育文化注重修身养性，这一点很重要，相对而言，西方体育文化注重的是实证性的科学知识的运用，上述两种文化体系虽然有较大差异，但是各有所长。中国体育文化注重养生的同时，相对忽视了体育科学实证的意义，但是西方体育文化在追求身体运动能力、提高挑战自然的发展过程中也存在着对运动机能的极致追求，以致破坏人体的自身和谐。这就是为什么好多从事现代体育的运动员退役后身体会出现一些不正常的损伤的原因。所以，中西体育各有利弊。

近几年来，众多的学者在研究西方体育文化的过程中过于注重竞争所带来的体育的异化等问题，虽然这是客观存在的，但是从另一个角度来说，这一异化问题也可以从具有东方民族特色的中国体育文化中找到化解之道。所以东西方体育文化之间存在着很强的互补性，这在一定程度上体现了民族的也是世界的这一真理，这也是全球化发展趋势下东西方体育文化发展应该予以重视的一个问题。事实证明，作为具有民族特色的中国体育文化，在未来的世界体育化过程中，将会进一步发挥和谐发展的独特作用。中国文化的核心是什么？和谐，这种和谐除了儒道医各家的典籍中随处可见以外，还包括我们经常提及的"己所不欲，勿施于人""人法地，地法天，天法道，道法自然""万物并育而不相害，道并行而不悖"等等，这些都以和谐为主，而且都体现在中国传统体育文化的精髓当中，并且长久以来融入了中国体育文化的一些项目中，具有广泛的意义和普适性。

所以，面对西方工业文明所带来的种种弊端和不和谐的困境，面对西方体育文化中出现的诸多与体育本源相背离的现象，从西方体育文化及文化以外寻找和谐文化来校正上述不足，成为人们的共识。这也是近年来西方有识之士逐渐把目光转向中国文化的一个主要原因。所以，当西方许多新兴体育项目的出现导致人类社会环境污染加重，在解决生态恶化等带来的后果之际，倡导和谐理念与适应自然的中国体育文化却正在回归自然并逐渐丰富和完善着人们的现代化思维。所有这一切都表明中国体育文化中的和谐理念对解决西方体育文化中存在的一些问题有着独特的价值。当然这不是绝对的。

由于中国体育文化中的和谐理念对维系人与人、人与自然之间的和谐关系有着独特的功能，所以在文化交流当中二者会互相逐渐适应，达到互相默契的程度。作为东方体育文化代表的中国体育文化以独有的注重舒缓有度的体育运动项目、较弱的竞技性等，将体育运动缓解疲劳、放松身心、和谐身心的功效演绎得淋漓尽致。中国体育文化中许多运动形式，诸如健身气功、太极以及其他的民族特色的活动内容，已经得到了西方社会的广泛认可，并受到越来越多的青睐。中国武术、中国健身气功在世界上受到越来越多的欢迎。许多民族传统体育项目，如板鞋舞、扁担舞、藏族的射箭等民族项目也越来越受到世界的欢迎。

总之，随着世界文化的交往，东西方体育文化的思想体系和活动内容体系在得到进一步的合理的互相渗透。中国体育文化充满个性魅力的价值观念、文化环境、思维方式、行为方式对西方体育文化产生了缓慢但深刻的影响。过去我们研究体育以西方体育文化为中心，而且认为古代东方根本没有体育。但是这几年通过研究东方体育文化，发现东方古代不但有体育，而且还在体育产生的初期对世界作出了巨大贡献。所以，未来将会出现各取所长、共同发展的局面，而民族性与世界性的统一将是中国体育文化未来的发展方向，为什么呢？因为体育文化的未来发展机遇，最重要的就是民族性与世界性的统一，这也是未来体育文化的发展方向。

奥冠风采诗词的创作及其社会文化价值

田麦久

各位领导、各位老师、各位同学，非常高兴有机会来到（太原参加）三晋体育文化大讲堂，我认为这是一个很有创意的、很有新时代风貌的讲堂，能够参加，我觉得很荣幸。

我本人是一个体育教师，我的专业是研究和讲述运动训练学，所以多年来我在各地的讲座中谈的都是关于运动员训练的问题。体育界以外的朋友问我："你的专业是什么？"我说我的专业是运动训练学。简单讲就是研究如何培养优秀运动员。或者再说得刺激一点，研究如何培养奥运会冠军，这就是我的专业。所以多年来我讲的都是关于运动训练学的有关问题。有关运动训练学的内容，包括运动员的竞技能力及其结果、有关运动训练的方法等。各种各样的训练方法可以概括为两种宏观的控制性方法、8种具体的操作性训练方法。涉及运动训练的负荷，我们要讲如何确定适宜的训练负荷，如何在运动训练的过程中掌控运动训练负荷。涉及运动训练的组织，我们讲运动训练的过程是怎样的，然后如何科学地设计和配置运动训练的多年周期、年度周期、大周期小周期等等。这些问题都是有关运动训练的各个不同的环节和板块。这些年来我又致力于有关竞技参赛学的研究。竞技参赛学是讲赛前和赛中如何准备，教练如何指挥运动员参加比赛，赛后我们如何总结和转换。运动训练与参赛都是竞技体育整体社会行为的重要组成部分。讲这些问题、研究这类问题，可以说是我毕生的追求。但是今天，我不从理论上去讲运动训练，也不讲竞技参赛，而是换个视角、换一种语言，以中华诗词的角度来看竞技体育，看奥运冠军。

大家知道，伴随着改革开放前进的步伐，中国的优秀运动员在国际体育舞台上取得了出色的赛绩。我们国家的运动员参加奥运会是从1932年开始的，我们规模性地参加奥运会并且取得很好的成绩始于1984年的洛杉矶奥运会。从那一次开始，从许海峰的第一块金牌开始，到现在我们在9届夏季奥运会的比赛中，一共获得224项（次）冠军。我们从1980年开始系统参加冬季奥运会，但是到2002年盐湖城冬奥会杨扬才取得了第一面冬奥会金牌。直到武大靖，一共获得了13个项（次）的冠军，224+13就是237。请大家记住这个数字，下次这个数字再有改变，就是东京奥运会以后了。这237项（次）的奥运冠军书写了中国体育事业蓬勃发展的辉煌篇章。奥运冠军是中国运动员的杰出代表，是中华民族的体育精英。他们对祖国体育事业的杰出贡献是不可磨灭的、不容忽视的。在我们国家有一个阶段，大约在2000年之后，一直到里约奥运会，社会上有一股贬低竞技体育、贬低奥运冠军的思潮。我们的冠军不是完人，有这样那样的缺点，有的冠军也会犯这样那样的错误，但是从总体上来讲，奥运冠军是了不起的英雄，这是毫无疑问的。2015年6月1日，习近平同志在北京一所回民小学对孩子们讲：你们要有报效祖国的远大志向，要向英雄人物学习。向谁学习呢？习近平主席讲述了几个英雄人物，第一个航天英雄，第二个奥运冠军，第三个劳动模范，后边还有。把奥运冠军称为民族英雄，毫不为过。对奥运冠军的英雄业绩，是要大声颂扬、热情讴歌的。大家会说，对奥运赛冠军的宣传够多的了。是的，我们对奥运冠军的宣传工作做得确实很到位。而在常规的宣传、报道之外，也有这样一些体育界人士注意到选择用中华传统文化诗词的形式来展示奥运冠军的风采。这些体育诗词爱好者不都是体育界的，他们组织了一个诗社叫作"浣花诗社"。为什么叫浣花诗社呢？是因为成立于成都市浣花溪公园，就是杜甫草堂旁边的一条小溪、一个公园。所以呢，我们就把这个诗社命名为"浣花诗社"。浣花诗社组织了对中国奥运冠军的全员创作。我们等一下给大家再具体介绍浣花诗社奥冠风采诗词创作的目标、成果和它的社会文化价值。对奥冠风采诗词创作的目标我们有两点：第一点，要创作出具有较高艺术水准和鲜明体育特色的奥冠风采诗词。大家注意奥冠风采诗词是诗词，它是诗词里边的一种类型、一个类别。但是，它首先是诗词，什么诗词呢？传统的中华格律诗词。格律诗词有格律诗词的要求，这里要注意有诗词的意境和诗词的语言，不能用通俗的宣传语言，如"奥运冠军真伟大""人人胸前戴红花"这样的语句，这与其叫诗词，不如叫顺口溜，现在要用规范的中华格律诗词来颂扬奥运冠军，要有诗词的意境，要用诗词的语言，要注意句式，要注意行韵脚，要注意平仄，要注意对仗。我们作的奥冠风采诗词要符合诗词的要求。但是我们写的诗词又和辛弃疾、李清照写得不一样。为什么呢？我们写的是奥运冠军。这样一种场景在历史上是没有人用中华格律诗词完整地去表达的。真正意义上的奥运会是现代文明的产物，是现代社会文明一种杰出的代表。我们要用传统的中国古典诗词来表达奥运冠军的风采，这是一个不小的挑战。我们的诗词里面要描绘奥运竞赛场景，要展现奥运冠军爱国和拼搏的精神，还要有项目特点和个体特点。写邓亚萍就和写王楠不一样，写李小双就和写李小鹏不一样。他们都是奥运冠军，可能项目也一样，那么在写的时候也要注意一定要有每个人自己的特点。这是我们的目标之一。目标之二呢？就是全员创作与拓展创作。什么叫全员创作？刚才我们已经说了，我们国家到目前为止一共获得了237项（次）奥运冠军，要为这237项（次）各创作一首诗词。每一个、每一次奥运冠军都不能缺少，所以说叫做全员创作。就像我们在座的，有大学老师，有科研所的科研人员，我们去设定一个题目进行研究，一定要考虑这个题目的边界在哪里。边界里面你研究，边界以外的问题不属于本研究的范畴。那么我们可不可以写世界冠军？中国到现在已经有1000多个世界冠军了。我们都是一些退了休的同志，这个诗社的成员平均年龄在70岁左右，不可能去做这样大的工程。本来这就是一个从兴趣出发，慢慢发展起来的团队。那么我们确定了为奥运冠军写诗，为237个项（次）的奥运冠军，这个边界划清楚，我们才能努力去完成。

不仅要写诗词，还要拓展，拓展什么呢？为每一个项（次）的奥运冠军各创作一副诗词书法、一幅冠军素描、一方赞语篆刻，还要编撰一则冠军简介。举一个例子，刘德沛教授为邓亚萍写了一首诗，一首七律。诗写好了，我们要请书法家把它写成书法作品。然后再请画家画一张邓亚萍的素描。萨马兰奇主席当时事先就说了："邓亚萍得冠军，我一定要亲自为她颁奖。"真颁奖时他还很亲切地摸了摸她的脸颊，这就成了乒乓史上的一段佳话，也就是很著名的一张照片的内容。另外再写一段简介，介绍邓亚萍，同时制作一方篆刻。这一次，关于邓亚萍，我们篆刻的是四个字"乒乓奇女"。每一首诗词有诗、书、画、文、艺5个作品。237个项（次）一共是1185件作品，所以这是一个非常浩大的体育文化工程。经过4年的努力，奥冠风采诗词创作完成了预定计划，主要成果有《奥冠风采诗词集锦》7册本、《中国奥运冠军风采诗词》3卷集、《中国奥冠风采诗词稿》电子书、《中国奥冠诗词创作笔谈》。

那么，我们具体看一下《奥冠风采诗词集锦》7册本，它是按不同的奥运会来分别创作的和选编的。《中国奥运冠军风采诗词》3卷集已经是诗书画一体。同时，我们还给一些单项制作了奥冠风采诗词专册，如《乒乓球风采诗词集锦》。这是一本记录奥冠风采诗词创作全过程的文集。这本文集的内容包括中国奥冠风采诗词的创作轨迹、创作研究、创作心得、创作剪影、创作行吟和创作报道。在4年时间里面完成了1185个单元的创作，对完成这样的一个工程，诗社的成员都很兴奋。我在完成这个创作之后，填补了一首诗词，《浪淘沙·奥冠诗赞》。

浪淘沙·奥冠诗赞

田麦久

励志卷虹云，燕舞羚奔。金杯双百竞缤纷。奥冠风姿存韵史，琅琅诗音。 激越唱雄军，永记殊勋。梅红兰秀各争春。律赋词歌同一曲，华夏乾坤。

就此我简单介绍几句。"励志卷虹云"是说我们的运动员有为国争光的志向，"燕舞羚奔"代表运动员多姿多彩的形象，"金杯双百竞缤纷"是在奥运场上取得战绩，"奥冠风姿存韵史，琅琅诗音"是今天我们用中华格律诗词来记载奥运冠军的风姿。"激越唱雄军，永记殊勋"及余下三句想表达的是237首词，有的像梅花，有的像兰花，是不一样的，但"律赋词歌同一曲"，都是为了"华夏乾坤"，都是为国争光。

刚才我们简单介绍了一下这项工作的成果。下面来看一看它的社会文化价值。这要从5个方面来谈：高质高效的传播价值、隽永奋进的激励价值、丰厚浓重的文化价值、国学体用的文学价值、弥足珍贵的史料价值。《中国奥冠风采诗词》得到电视、报纸、网络等多种媒体的高度关注，通过文字、图像、视频等多种手段，在广阔的空间生动形象地传播着奥林匹克精神和奥运冠军的事迹。在2015年6月到7月，《中国体育报》率先向社会介绍了奥冠风采诗词的创作活动。2015年6月8日，《中国体育报》头版头条刊登《树榜样，扬正气，振精神 总局宣传司和本报推出"奥运诗赞"》，同一版还有以"本报评论员"署名发表的文章《一同体育 一同诗赞》。这在近年来的《中国体育报》上很少见到。《中国体育报》头版几乎用了半个版面来介绍这项工作。半个多月以后，《中国体育报》又就此刊载了对国家体育总局宣传司司长的访谈，并在头版推出题为"为体育，为梦想诗赞"的报道。几天以后，仍然是在《中国体育报》第一版，又刊载了对我的访谈，题目是"讴歌奥运冠军 唱响梦想旋律"。短短的时间里，在《中国体育报》第一版这样频繁地以巨大的篇幅来宣传此事,说明这件事情是我们国家体育文化建设当中的一项值得关注的有深远意义的重要工作。不仅如此,《中国体育报》从 6 月 27 日开始在其相关专栏上用整整一个版面直接刊登奥冠诗词,第一期发的是关于徐海峰和杨扬、王濛等奥运冠军的诗词。一直到 2016 年 7 月 2 日,《中国体育报》用了一年多的时间,以 35 个整版的版面介绍了 210 个项(次)的奥冠风采诗词。为什么是 210 个项(次),不是 237 个呢?因为这个时候里约奥运会还没有开始比赛。这就是要在里约奥运会之前,把我们获得的 210 个项(次)的奥冠风采诗词都发出来,起到激励民众、激励运动员的作用。与此同时,多种运动专项期刊对田径、乒乓、射击、射箭、自行车、羽毛球等项目都刊出了奥冠诗词。由首都文明基金会主办的《文明》杂志在 2016 年助力申办 2022 年冬奥会专刊中刊出了 12 项(次)冬奥冠军的风采诗词。这本杂志作为向中央汇报的准备申办 2022 年冬奥会的有关资料送到习近平总书记手中。习近平总书记看到之后,就打电话给北京市有关领导了解这份杂志的有关情况,并且去参观了在北京五棵松的冰上运动场,去观看了冰球运动员在冰上的训练。就在前不久,《文明》杂志 2018 年 8 月、9 月合刊的《北京,世界首个双奥之城》之中,刊出了 237 个项(次)的奥冠风采诗词。

我们可以看到奥运会是现代社会最大规模、最高水平的国际体育赛事。我们常讲要传播奥林匹克精神,什么是奥林匹克精神?相互理解,友谊团结,公平竞争,这就是奥林匹克精神。我们就是要通过奥冠风采诗词来传播和弘扬奥林匹克精神。

大家记得张山吗?

减字木兰花·张山获巴塞罗那奥运会双向飞碟射击冠军
刘德佩

枪枪命中不够,二百连发疑似梦。纷落泥鸽,惊世辉煌天可说。

红红隐绿，纤女胜男今又现。心悦诚服，颁奖托娇今古无！

巴塞罗那奥运会的双向飞碟射击比赛中，中国女运动员张山战胜了所有男选手，获得冠军。而且这些男运动员心悦诚服，在领奖台上把张山托了起来。这在奥运历史上是没有过的。这告诉我们，奥运赛场上运动员是对手，也是共同创造竞技奇迹的伙伴，这就是奥林匹克精神。

这是一首五言律诗，刻画的主角是北京奥运会女子柔道冠军杨秀丽。

五律·杨秀丽获北京奥运会女子柔道冠军

张绰庵

雅典方萌志，多年蕴梦中。

京华遇强手，擂局起罡风。

随处紧身战，加时险象生。

凯歌终奏响，不忘我师情。

这是河北体院院长张绰庵所做。我们在这里为什么给大家介绍这一首诗呢？大家看"凯歌终奏响，不忘我师情"，奥林匹克金牌的获得不能仅靠个人的努力，还需有多方协助，包括教练，包括我们在座的各行各业、各界人士的及全社会的支持。

这是原沈阳体育学院院长张贵敏教授填的一首词，描述了郭晶晶和吴敏霞获雅典奥运会女子双人三米板冠军的动人场景。

两同心·郭晶晶／吴敏霞获雅典奥运会女子双人 3 米板跳水冠军

张贵敏

绿水霞珠，碧波晶灿。朝天跃、合璧瑶琼。凌空舞、轻灵飞燕。

看此时，镜影双身，满场惊叹。雅典共肩？重担。九州期盼。梦之队、四载修功。娇娇女，双双亮剑。占鳌头，众望攸归，再立新传。

这首词给我们的强烈印象是什么？"合璧瑶琼""镜影双身""双双亮剑"，这是双人3米板跳水的动人之点。双人跳水在2000年的悉尼赛场首次被纳入奥运比赛的项目。这个项目非常需要的一点是协作。这也是奥林匹克精神倡导的一个理念。张贵敏教授为这首词选得词牌是"两同心"。找这么一个词牌来写这首词，可以说是意味深长。

奥运冠军诗词就是要树立英雄形象。例如我写的一首关于林丹的词。

临江仙·林丹获北京奥运会羽毛球男子单打冠军
田麦久

劈吊扑搓如跃鹿，点杀连破坚竹。雄伟完胜写征途。排山卷海，霸气震京都。　八闽少年今硬汉，五洲求败独孤。英雄军礼展鸿鹄。更携爱侣，对笑傲江湖。

林丹经过多年征战，现在竞技生涯已至下降期，但是他在我们头脑中留下的依然是英雄的、霸气的形象，这首词主要写的就是他的霸气。

七律·熊倪获亚特兰大奥运会男子三米板跳水冠军
董志霄

金色征程始少年，八秋砥砺戴金冠。

蛟龙卷雾山川动，落雁携风池水穿。

转体谁知千百度，翻腾难辨纵横环。

卧薪尝胆天不负，扬我国威喜梦圆。

熊倪也是英雄，而且在多届奥运会上获得冠军。悉尼奥运会上，中国跳水队前几个项目比得不好，是熊倪获得了我们在那届奥运会上的第一个跳水冠军。

奥运赛场的另外一位老英雄是王义夫，罗兰秋为他作诗：

七律·王义夫获雅典奥运会男子10米气手枪射击冠军

罗兰秋

临风定目若修禅，枪举心逼视等闲。

元老六朝冲首阵，将军甘载闯心关。

征服对手终如愿，战胜自身才是艰。

学教双肩君子气，归真雅典冠悠然。

王义夫是我们国家参加奥运会次数最多的运动员——"元老六朝冲首阵，将军甘载闯心关"。他在奥运会上，曾经最后一发以前领先两环多，结果最终一发打得非常差，仅一点几环，而且晕倒在赛场，被抬出场地，这肯定在心理上造成了阴影。射击本来就是高度重视心理能力的运动项目，所以这里写"将军甘载闯心关"，战胜自身才行。在此，我们以创作奥冠风采诗词向王义夫表达敬意。

接下来我们谈隽永奋进的激励价值。中国奥运首金是1984年洛杉矶奥运会上许海峰夺得的射击金牌。

风入松·许海峰获洛杉矶奥运会男子自选手枪60发慢射冠军

田麦久

目凝靶定向圆心，高艺化精纯。皖东绿野神枪手，怀家园、洛港征尘。犹记泥丸童趣，常思小径医针。　六十点射驭风云，一弹定乾坤。激昂义勇今初奏，零突破、辉耀华春。骁勇先锋开路，夺魁浩浩熊军。

这里边写了洛杉矶奥运会许海峰的夺冠经历——"六十点射驭风云":60发慢射,59发过去了,他仍与另一名瑞典选手,还有王义夫,难分上下,最后一发许海峰领先瑞典选手0.2环,从而获得冠军。而且,这打开了中国运动员奥运赛场夺冠之路。这里也写了他成长历程中的一些趣闻。"皖东绿野神枪手",许海峰是安徽皖东那边的人,以前做过邮递员,到国家队两年就参加了奥运会。"犹记泥丸童趣",原来他自己说特别喜欢打弹弓,而且打得很准。当然现在不提倡,这个不环保,对生态保护不利。"常思小径医针",这个是说许海峰做过赤脚医生。因为许海峰是跟我读的硕士,又跟我读了博士,所以我对他的情况了解多一些。我在写这首诗的时候,开始写的是"常思小径银针","银针"比"医针"生动多了。后来我突然一想,许海峰会不会针灸?没听他说过。打个电话问他,"你扎过针灸吗",他说没学过。我又问:"你给别人注射过吗?"他说:"那是当然的、肯定的。"后来就把"银针"改成"医针"。这个一定要写真实的情况,叫运动员看了说"对,这就是我"才行。

刚才说的是夏季奥运会第一块金牌,那么我们现在看看冬季奥运会第一块金牌的获得者杨扬。但这里展示的是她得第二块金牌的诗词,是一曲《西江月》。

西江月·杨扬获第 19 届冬奥会女子 1000 米短道速滑冠军

张昌韵

银光风驰激战,玉沙飞卷搏击。英姿绚丽展新奇,勋绩巾帼再继。连获两金欣喜,又惊四座痴迷。杨扬封后霸无敌,冰史名留永记。

冬奥会还有一对被引为佳话的冠军——申雪和赵宏博。这是一曲《蝶恋花》,为他们,我特意选了这个词牌名。

蝶恋花·申雪／赵宏博获温哥华冬奥会双人花样滑冰冠军
田麦久

白玉晶莹双影舞，冰上芭蕾，月桂当谁属？奥冠从来欧美主，而今华夏争翘楚。 点跳抛旋精刻筑，雪妹宏哥，携手攀峰路。同举金杯得意处，佳缘爱侣天仙妒。

在冬季奥运会上，中国一共赢得了13块金牌，在平昌冬奥会之前是12块。2015年6月9日，"冬奥冠军风采诗词作品展"在北京体育大学举办。那一天正是中国短道速滑队2015到2016年赛季集训的第二天。也就是说他们6月8日集训，6月9日就来到北京体育大学参观"冬奥冠军风采诗词作品展"，以激励运动员创造更好的成绩。

马琳，大家都知道，一个非常优秀的乒乓球选手，在世界杯比赛当中，他得过3次冠军，是世界杯比赛获得男单冠军最多的选手。而登上奥运冠军领奖台的那一刻，才是他运动生涯的顶点。

金错刀·马琳获北京奥运会乒乓球男子单打冠军
张贵敏

来复去，战台端。球飞球落走弧旋。身飘影闪拍挥舞，翘楚五环骏马欢。 英雄泪，不轻弹。方台苦练二十年。辛勤浇筑青春路，奥运高歌唱梦圆。

我们看这个诗词作品，就会为其中描述的所感动。"英雄泪，不轻弹。方台苦练二十年"。

另外一位奥运冠军叫龙清泉。他在北京奥运会得了举重冠军，8年以后第二次得冠军，张贵敏写词，特地找了一个词牌叫"看花回"。

看花回·龙清泉获里约奥运会男子举重56公斤级冠军

张贵敏

铁骨雄心沥寸丹。拔地擎天。项期刚胆杀绝地。越重关,一挽狂澜。高魁八载后,再上峰巅。少壮天才早箸鞭。汗浸童颜。曲艰成就苗家仔。是今朝,技量超然。英威飘四海,又注清泉。

我们的女排获里约奥运会冠军,之前大半程的赛事中,尽管得了20几块金牌,但是整体氛围在国内体育界是压抑的,因为远远低于预期,远远没有达到原来预定的目标。有些项目,像体操,甚至一块金牌没得到,这样的队伍回到国内日子是不好过的。但天助中国队,最终女排夺得冠军,这一下大家欢呼了,把前面的不愉快抛到脑后。当然,作为体育界仍得冷静思考,里约奥运中国代表团的战绩明显滑坡,东京奥运会更是岌岌可危。我们不管它,当时女排给我们国人以巨大的鼓舞。我们来看:

望海潮·中国队获里约奥运会女子排球冠军

田麦久

激情拉美,多姿高妹,巾帼将士出征。强手如林,风云迭起,几番绝地重生。浴火凤飞虹!三度擎金鼎,喜泪相拥。塞北江南,万家欢悦磬钟鸣。卅年热血传承。振中华盛誉,大爱晶莹。帷幄运筹,凝心聚力,重捶煅冶真功。至美赞郎平!娟秀当临镜,鬓翠花红。却白高瞻远望,挥剑指东瀛。

郎平是个优秀教练,在237首诗词的素描里面唯一出现的教练就是郎平,其他教练都没有。我们介绍这组词,主要就是想说我们要用诗词的形式把夺冠的过程永久记载在这里，把这种鼓舞、这种价值以及全国人民欢悦的心情记载在这里。237首诗词就是237篇励志教材，就是给广大青少年运动员展现拼搏敬业精神的奋斗样板，也为亿万中国人树立了不断进取的学习榜样。说到这里，我谈自己的一个梦想，看看有一天能不能实现——如果5年以后，10年以后，或者20年以后的中小学教材里面能够选进一篇奥冠风采诗词，以之激励那一代中国少年奋发向上，那将是我们浣花诗社团队的莫大荣光。当然这个梦想如果有一天能够实现，也许田某已经长眠地下，那我这也会非常高兴。因为它励志，现在不见得一定要去选"举头望明月，低头思故乡"这样的诗。现代人写的格律诗词也应该能作为教材。

  现在谈一下奥冠诗词丰厚浓重的文化价值。奥冠诗词既是竞技体育的文化展示，也折射出体育人不断提升的文化素养。我是个体育教师，我们诗社的所有人都是体育界人士。其他方面、其他领域的人士若诗词水平很高，我们要向你学习，但不会吸收你做诗社的成员，我们只吸收体育业内人士。我们诗社现在有15名成员，其中有3位是中文专业毕业的，当然现在在体育部门工作，在体育院校当老师，这个当然是可以的。他们的参与对我们诗词艺术水平的提高起到了重要的促进作用。我高兴的是，我们作品的水平得到了中华诗词学会的认同。中华诗词学会派两名常务理事，都是大学教授，参加我们的研讨会，给予充分的肯定，当然也提了一些改进建议。中华诗词学会用专版刊登了体育诗词集锦，全是我们诗社成员的作品。这是对我们极大的鼓励。创作诗词，我们是初学者，但我们是认真的学生，而且我们的作业还得到了老师的认可，诗词界已经认同。正如我刚才所讲，风采诗词在《文明》杂志上刊登有237首，在《中国体育报》上有237首，也就是说我们的作品在体育界之外也得到了认同。这就告诉人们：体育人不光是四肢发达，头脑也不简单！这是我们的作品在得到社会的认可之后，最使我们感到欣慰、感到高兴的一点。5年来，诗社还和多所院校合作，组织了丰富多彩的体育文化活动。在北京、天津、上海等体育院校组织了10次体育文化建设与中华格律诗词的研讨会，举办了冬奥冠军风采诗词展，还举办了乒乓球奥运冠军风采诗词展。另外，我们在6所体育院校举办了奥冠风采诗词朗诵会。这个朗诵会举办得非常成功。举办学校专门组织广播新闻专业的学生事先把奥冠风采诗词做了认真的排练，打出来一个背景，有音乐、有背景、有视频、有伴舞、有武术表演，等等，这是非常精彩的6所体育院校举办的奥冠风采诗词朗诵会。在这个基础上，2017年6月23日（即奥林匹克日），北京体育大学组织了由15所体育院校师生参与的奥冠风采诗词朗诵大会，非常精彩。北京体育大学体育馆里面专门搭了一个舞台，全校几千名师生和来自15所院校的演员参加。三卷集的首发仪式在武汉体育学院举行，中华诗词学会派来两位常务理事。天津体育学院组织的研讨会上也有几个诗词作者在台上和天津体育学院的师生共同朗读。原沈阳体育学院的院长张贵敏教授，原国家体育总局副局长崔大林先生，全国体育院校奥冠诗词朗诵大会，等等，都让我们难以忘怀。

奥冠风采诗词在文学上也是有独特价值的，这就是国学体用。用孕育于5000年古老中华文明的传统格律诗词来描写现代竞技体育赛事，展现高水平选手的风采，这是极具挑战性的文学创作实践，彰显了中国奥冠风采诗词珍贵的文学价值，也为中华优秀传统文化在体育领域更好发展和推广开创了新的道路。用这种传统诗词来表达现代竞技体育赛事与高水平选手风采，要注意意境的营造，要注意诗词的结构，要注意诗和句的组成，还要注意格律规范。我们来欣赏几首作品。来看这首《蝶恋花》：

蝶恋花·劳丽诗/李婷获雅典奥运会女子10米台双人跳水冠军

王钰清

十米高台谁与共？共娣娇容，天赐瞳花梦。梦里丹山飞彩凤，雏声清凉担当重。碧落瑶池裁倩影，成败须臾，悄语心犹定，但看凌波波不动，素颜出水红霞映。

我觉得这真是非常美的一篇文学作品。把激烈的体育竞赛描写得这么清雅、这样美好，读起来真是一种享受。而且不光我们享受，还能留给后人——让他们都知道，劳丽诗和李婷两个运动员在雅典奥运会赛场上是这样比赛的，"共娣娇容，天赐瞳花梦。梦里丹山飞彩凤，雏声清凉担当重""但看凌波波不动，素颜出水红霞映"，多美的一幅画！

好，我们再看另外一首，写的是叶诗文。

钗头凤·叶诗文获伦敦奥运会女子200米混合泳冠军
罗兰秋

诗文女，年十六，浪中鱼跃龙拼斗。凭长袖，励功就。绩超须眉，泳坛曾有？否、否、否！人依旧，赛还又。倚天英气金牌守。征程远，功夫厚。笑听风雨，凯歌奏。秀、秀、秀！

我们能读出其中的意境和美感。"绩超须眉，泳坛曾有？"——叶诗文在200米混合泳最后一段自由泳中，速度超过男子400米混合泳冠军最后100米的速度。"人依旧，赛还又"，这是第二项冠军，不是第一项。第一项是400米混合泳，刚才说的200米混合泳是第二项。"人依旧，赛还又"用在这里非常巧妙。

我们来看另外一首，写的是蝶泳女将焦刘洋。

一剪梅·焦刘洋获伦敦奥运会女子200米蝶泳冠军
谢雪峰

最美英姿喜得难。臂展连环，躯展波澜。蝶飞豚舞浪中酣。舒则娟娟，进则翩翩。龙女婷婷气若兰。乐在峰攀，妙在魂牵，英伦戏水梦终圆。

情也绵绵，泪也潸潸！

我认为这是真正的文学精品。我们用中华古典诗词描写竞技体育这一现代社会文明中很有震撼力的现象，由此完成的作品自有其不一样的文学价值。大家知道，诗词诗词，有诗也有词。诗分两类，有五律和七律。我用得最多的就是五律和七律，还有五绝和七绝。我们在这里只选了五律和七律。词有各种不同的词牌。在我们的诗词集里有61首七律、11首五律、161首词。大家最常见到的七绝，在奥冠风采诗词中是没有的，因为觉得字数太少。我们规定最短的作品要40个字。否则的话，字数太少，表达不够充分，因为这是一个特殊的主题。

我们看一首五律，写的是佟文，柔道冠军。

五律·佟文获北京奥运会女子78公斤以上级柔道冠军

张绰庵

笑面玉芙蓉，津门侠女风。

柔情绵似水，豪气炫如虹。

励志十年待，积功百战成。

莫言强敌劲，一本誉东瀛。

下面这首七律写的是谌龙（羽毛球男子单打冠军），大家注意其中的起、承、转、合。全诗以"羽坛奥运战犹酣，折桂荆英大任担"开头（谌龙，湖北人），中间写比赛场景，接下来是对谌龙出色表现的赞颂。最后两句"时代因成林李后"（林，林丹；李，李宗伟）"神龙一跃向苍天"是期待谌龙能够成为林李之后的代表人物。现在看起来有点难度，他曾经在里约奥运会获得单打冠军，但之后的表现不是很令人激动和兴奋。

七律·谌龙获里约奥运会羽毛球男子单打冠军
崔大林

羽坛奥运战犹酣，折桂荆英大任担。

轻挑前区勾对角，力劈后场吊斜边。

球飞网上流星逝，志在心中日月迁。

时代因成林李后，神龙一跃向苍天。

大家看一下，律诗要求对仗，第二联叫颔联。"轻挑前区勾对角，力劈后场吊斜边"，这是写技术动作，"轻挑"对"力劈"，"前区"对"后场"，"勾"对"吊"，"对角"对"斜边"。"球飞网上"对"志在心中"，"流星逝"对"日月迁"，这是对仗，要求很严格。词呢，是另外的要求，不同的词牌有不同的讲究，这是一曲《于飞乐》：76个字。前半阕38个字，后半阕38个字，要求上四平韵，就是每半阕要有4个韵脚，平声韵。

于飞乐·施廷懋获里约奥运会女子3米板跳水冠军
张贵敏

水清清，光烈烈，玉女婵媛。惬澄心，弄板轻弹。看云霄，聆广宇，百转千旋。剑锋破隙，轻波处，绽放荷莲。　　抢头筹，欢九城，久梦终圆。志凌云，苦练寒暄。砺娇娃，十几载，无悔华年。里约起步，为国荣、不弃征衫。

上下半阕各四个平韵，每个字是平是仄都有严格要求。

我们再看一首词：

破阵子·雷声获伦敦奥运会男子花剑冠军

田麦久

志勇激扬剑气，铿锵乍起雷声。跃鹿游蛇如闪电，武韵神姿化彩虹。英伦侠客行。 六尺男儿明志，十八冬夏修功。常念豪杰留夙愿，喜看青锋贯宇空。五行旗正红。

上下半阕各三个平韵，但是这还不够，在一些词牌里面也要求对仗，"破阵子"要求的对仗比七律还严格，还要多。"破阵子"一共10句，有8句都必须是对仗句。一二句要对仗，三四句要对仗，后半阕一二句对仗，三四句对仗。"志勇激扬剑气，铿锵乍起雷声"："志勇"对"铿锵"，"激扬"对"乍起"，"剑气"对"雷声"，把雷声的名字放进去。"跃鹿游蛇""武韵神姿"，"如闪电""化彩虹"。"六尺男儿明志，十八冬夏修功"，最后两个字是"明"动词、"志"名词，"修"动词、"功"名词。"常念豪杰留夙愿，喜看青锋贯宇空"也是一样，而在这里边蕴含了很多信息。"六尺男儿明志"，六尺指的是高个头，那么雷声多高？1米92，用"六尺"表述是比较合适的。而且，"十八冬夏修功"正可以对应"六尺男儿明志"。"常念豪杰留夙愿"，这里面干吗写这么一句呢？雷声是男子花剑冠军，雷声的教练是王海滨，大家知道这个名字吗？王海滨曾经是著名的中国男子花剑三剑客之一，在2004年雅典奥运会男子花剑团体金牌决赛的最后一剑前，三剑客与对手意大利队战成44∶44。最后一剑，中国队首先刺中，但裁判却判意大利得分。事后国际击剑联合会判定是错判，这位匈牙利籍的裁判永不使用，但比赛结果已经不能更改。所以这一个夙愿——中国男子花剑的夙愿多年没有实现。"常念豪杰留夙愿，喜看青锋贯宇空"。我努力用诗词这种形式表达奥运冠军的多样。与此相关联，还有一个引起我们重视的问题：跳水得了40枚金牌，举重31块，乒乒球 28 块，体操 26 块，射击 22 块，羽毛球 18 块。要写 40 首跳水诗词，除了名字不一样，3 米和 10 米不一样，单人双人不一样，有很多是一样的，哪来那么多词语？好在我们开动脑筋，发挥想象力，40 首跳水诗，每一首都写出了各自的特点。

还有两首诗词，分别是写男子举重冠军陆永和女子举重冠军邓薇的。前者以"昔有霸王扛鼎，今有力士争锋"写出了大力士的霸气；后者以"日采举铃万千斤，梅香寒月轻轻慰"，写出了女孩子的妩媚和清秀。

最后，我们看看弥足珍贵的史料价值。大家回顾一下，从 1984 年许海峰夺得第一枚奥运金牌到现在，多少年过去了？34 年，237 枚奥运金牌。时光流逝，对许多比赛的场景，人们已经淡忘；许多奥运冠军的名字，人们已经渐次陌生。而奥冠风采诗词恰恰以一种独特的文化形态给我们留下珍贵的奥冠史料。

就此，我们看几个案例。在座的有人记得陆莉吗？高低杠冠军陆莉。请看一下，我为她写的词：

鹊桥仙·陆莉获巴塞罗那奥运会女子高低杠冠军

田麦久

娟娟小女，绵绵放垫，识玉当凭慧眼。潜心育蕾付辛劳，正堪敬，真情教练。艺姿精湛，高难连贯，两杠穿梭如幻。满分六举捧金杯，体操史，又书新传！

在巴塞罗那奥运会上，陆莉的高低杠做完之后，6 名裁判都给了 10 分，这是体操史上空前绝后的评分。空前是肯定的，只有罗马尼亚的体操运动员科马里奇在 1976 年蒙特利尔奥运会上得过 5 个 10 分，但那是在不同的场次。同一个场次，6 个裁判都给 10 分，真是"空前"。"绝后"指什么？现在体操比赛已经不封顶了，当年得分是封顶的，最高就是 10 分，以后没有这种比赛了，所以再也没有几个裁判都给 10

分的情形出现,这样精彩的场面再也不会发生。这是历史故事。我想,有一本诗册在旁边,人们更容易把她记住。还有奥运女子举重冠军李雪英的故事:

蝶恋花·李雪英获伦敦奥运会女子58公斤级举重冠军
王钰清

立雪含霜钟玉秀,冬去春来,芳蓄十年久。心有罗盘定北斗,英伦欲领群芳首。 揽得桂冠犹不够,铃片追加,腕下风雷吼。力挺山拔天地抖,纷红化入金樽酒。

"纷红化入金樽酒",这是在奥运历史上留下的重重一笔。

徐莉佳,这个名字早已淡出很多人的记忆。那么,就让我们从诗句中重回她激动人心的夺冠时刻:

七律·徐莉佳获伦敦奥运会女子激光镭迪尔级帆船冠军
谢雪峰

轻舟驰海唤激光,毅韧勇谋齐考量。
把向舵灵人抖擞,御风帆颈气轩昂。
连天波涌关关险,履水船行路路长。
谁谓弄潮知好汉?分明夺冠俏姑娘。

我们的这些作品已经被中国体育博物馆永久收藏。奥冠风采诗词创作是中国传统文化与现代竞技体育的成功结合,有力地弘扬了奥林匹克精神和中国体育精神,有力地促进了体育文化建设的发展,并将在我国迈向世界体育强国的进程中继续发挥积极的社会文化价值。

凡体育　必文化

卢元镇

各位老师、各位同学，我今天要讲的题目是"凡体育　必文化"。这个本来是一个功利性的命题，因为体育符合文化的所有特征。文化具有传统性、具有时代性，文化还具有民族性和世界性，体育恰恰和它的基本特征是一致的。今天我们就这些性质展开更多的立论。我想就大家所关心的体育内涵的东西给大家做一点解释。在人类色彩斑斓的文化世界里，有一种奇异的文化就是体育运动。在这种文化中充满了各种神奇的矛盾，它给人间社会带来欢乐和健康，也带来激情、热望和振奋。当然有时也难免给人们带来痛苦、烦恼甚至灾祸。体育运动如同一股洪流，把社会的每一个成员都裹挟进来，让他们尽情地宣泄、享受、排遣，并从中得到教育和发展。同时，它又把社会调遣和鼓动起来，给社会涂上一层光艳夺目的色彩，使我们所生活的这个星球展现了生机和活力，也更充满人情味和使命感。人类的文化多数是依靠自身的头脑和一定的外界物质媒介而存在。然而，有一种文化的存在方式是人的身体，即人体文化。在人体文化中还有一个内涵极其深刻的部分，就是体育文化。我们知道人体文化分很多种类，包括文身，包括我们在身体上做的很多事情都可以体现人体文化，但是有一种内涵极其深刻的就是体育文化。

体育运动是一种以人的完善为最终目的的人体文化。体育运动是以增进人的健康、增强人口体质为本职功能的。体育文化是一种以动作技能、运动技术为文化符号的人体文化。和戏剧、舞蹈、杂技等艺术形式相比，虽然体育文化也是由人体完成某些动作来表现的，但体育这种人体文化和艺术相比，毕竟有着本质上的区别，体育文化中的人体动作并不包含某种特定的情感指向的含义。体育文化内含一种趋向竞赛活动的本能。任何体育文化的发展过程，无论是民间活动还是国际活动，无论是青少年的活动还是中老年的活动，都有一种相互比试、较量、角逐的趋势，最终会形成竞赛。

竞技体育是人体文化的最高表现形式，竞技体育使人体文化向一种表演性、职业化的方向发展。当今世界，竞技体育已经从绝大多数体育活动中分离出来，成为少数精英天才的专利。体育自一产生就深入到人们的社会生活之中，在各个社会时期中得到长足的进步，终于在数千年的时间内形成了这样一个色彩斑斓的大千世界。同时我们也看到，体育文化是一个历史的概念，随着人和社会的需要发展，人们不断地在改变着对它的价值和功能的认识，并不断地创造出新的手段和方法。

体育文化和人类的其他文化一样，是逐渐积淀而成的。在人类社会生活的长河中，它又不断地嬗变、充实、附丽、更新。下面我就讲第一个问题：东西方体育文化的不同运行轨迹。走出丛林的远古人类，由于生活在不同的地理气候环境中，形成了各自文化群落的起点，发展到近现代，出现了东亚、南亚、西亚和欧美4个个性鲜明的文化地区。不同种类的文化尽管千差万别，但都不约而同地诞生了体育文化。有一位人类学家默多克，他在研究了人类文化起源的60种基本形态之后，得出结论体育游戏是在60种的前10种之中。那么围绕着游戏、运动、竞技、健身、养生、军事操练等，不同类型的体育文化各有所长地形成了自己的体系。

当今世界有两种体育文化特别引人注目，一种是根植于农业文明的以中华文明为核心的东方体育文化，形成了以养护健康为目的，以功、操、拳等为基本手段的鲜明特征；另一种是由游牧文化、渔商文化和城邦文化而最终脱胎成的工业文明，形成了以欧美、以奥林匹克为核心的竞技文化。这两种文化由于地域的辽阔、交通的阻断，始终暌隔，成为群星璀璨的体育世界文化天空中的参商二星。以后的岁月里东西方不同的经济政治生态，也促成了背向而行的两条体育文化逻辑线。

东西方体育文化的差别在什么地方呢？在古希腊自由民的核心概念中有着一种不可动摇的信念，那就是极其尊重个人价值。希腊人发展了他们独特的信念，认为人之可贵绝不在于作为一个万能统治的工具，而在于人的自身潜力，因此他们不惜任何代价以求完善自己。政治上民主，人民相对独立和自由，再加上与此有直接关系的观念信仰，为古代奥运会的产生奠定了坚实的基础，也为近代西方体育的再度崛起和壮大繁荣埋设了历史条件。追随古代奥林匹克运动会而勃兴起来的近现代奥林匹克运动，仅用百余年的时间就牢牢地占据了世界体育文化的统治地位，并有使之走向文化单一化的不良趋势。与古代奥运会诞生发展的历史时期相对应的是我国的春秋时代，孔子所极力倡导的"礼"与"仁"是宗法等级的翻版和进一步的发展，因此中国的皇权专制主义一直对体育文化发展缺乏有力的支撑，到明清时期更为严重。到近代，欧洲体育重新勃兴的时候，中国体育文化却一片萧条，特别是竞技运动几近为零，成为世界体育文化的一个弱势部分。西方的竞技运动要求对抗双方必须在法律意义上形式平等，因此，它是等级制度的天敌。

由此，在中国特殊和复杂的文化体制下，难能成长出以普遍的争斗和征服为特征的运动竞技。东方体育文化讲究哲学性，西方认可物理性；东方满足自我修养，西方追求个人功利；东方体育文化很容易走上政治教化的道路，而西方反而强调个性张扬。

二者的差异竟如此泾渭分明，东西方两种体育文化并立是历史的选择与安排，它们之间的交流、冲突、选择、融合、认同以及各自的变异，成为当今世界体育文化发展的常态。东方体育文化完全有能力在不久的将来与奥林匹克比肩而立，从不同角度回答人类提出的身体文化问题。能走上这一步，便是中国体育对世界体育文化做出的最大的贡献。我们今天参与奥运会、承办奥运会、在奥运会上夺取多少金牌，都是在人家制造的舞台上的账面。总有一天，中国要把自己的文化推到世界上去，那才是我们对世界体育文化的真正贡献。

　　下面我讲一讲竞技运动的文化含义。竞技体育的灵魂，也就是它的基本文化特征是竞技比赛具有预先不可确定结果的性质。体育比赛与音乐、舞蹈、戏曲、电影、杂技、表演不同，不是按照既定的乐谱、脚本、程序、设计来逐步实现，因此，它没有预定的结果，它是必然性与偶然性、实力与机遇共同作用的结果，偶然性越大，结果的不可确定性就越多越强。这也是竞技体育区别于其他文化活动而独具魅力的所在。运动项目规格的调整始终围绕着必然性和偶然性之间的关系。如果必然性太强，那么这个比赛就没有看头；如果偶然性太强，那么这个比赛就很可能出现荒唐的结果。为什么女排就比男排好看，因为男排的必然性非常强，强过了偶然性，它的高举高打一球扣死，使得这个比赛非常枯燥；而女排会出现多个回合的竞争，这个比赛就好看。中国乒乓球在21分制的时候，几乎是绝对的必然性，所以国际乒联就把比赛改成11分制。蔡振华有一句名言：如果改成一分制，谁都可能得世界冠军。

　　所以偶然性和必然性始终是围绕着结果的不确定性而展开的。要保证不确定性能够贯彻始终，有几个基本前提：第一个就是要充分竞争。竞技体育与现代社会高度契合，犹如一面镜子，折射出现代社会的竞争逻辑，浓缩了现代社会复杂的竞争，是现代社会竞争的典范。竞技体育以追求人的身心极限为目标，以全力以赴为口号，就是要充分地进行竞争，只争第一，不当第二，这是竞技体育的口号。第二个就是要对手平等，在竞技场上决不允许因种族、政治、经济、宗教、门第等差异而出现任何不平等，竞赛规则也要努力做到让参与者对等。参与者则要力争最大限度地发挥自己的能力，同时也要承担义务，允许对手在平等的地位上与自己竞争。我们知道，不同的阶级很难形成竞争。奴隶主、贵族和奴隶之间谈不上平等，形成不了真正的竞争。慈禧太后和太监下棋，太监说"老佛爷对不住了，我要杀您一个卒"，跪下来磕一头。再走几步，他说"老佛爷对不起了，我要杀您一个马"，又走几步说"我要杀您一个士"，老佛爷一拍桌子，"我要杀你的头"。这就是在不平等的条件下是不可能有真正意义的竞争的。所以我们说竞争的第二个基本前提是首先要做到对手平等，而且在规则上确实是要做到对等。上半场由南往北踢，下半场就得由北往南踢，上半场你开球，下半场就是对手开球，一定要做到绝对的公正平等。即使到了最后一个环节实在不能够平等了，也要投掷硬币，由硬币正反面来决定这个选择。第三个就是要公平公正。竞技体育的竞赛过程完全符合公平竞争的社会原则、公平公正的社会原则。竞技体育活动参与的大众性、比赛结果评定的公开性，决定了竞技体育比赛必须是一个公平竞争的过程。这个公平公正包括起点的公平公正、机会的公平公正、程序的公平公正和结果的公平公正。我原来住的小区，是北京的高教小区，一个小区有48所高等学校的老师在里面住，物业的经理就跟我说："我最愿意接待你们体育学院来的业主。"因为体育学院来的业主一进门就说事，清华北大的来了，说了半天不知道他想要干什么。我说是因为我们搞体育的人站在起点就已经看见终点了，所以我们做什么事情都是直截了当的。

契约精神是决定市场行为正当性、完整性的重要法治理念，也是竞技体育得以顺畅开展，对比赛结果所产生的功利无争议冲突的前提。竞赛规则和其他的竞赛文件使参与者形成契约关系。19世纪，大多欧美国家进入资本主义社会便勃兴了奥林匹克运动。20世纪90年代，竞技运动得以在进入了市场经济社会的中国繁荣，这都不是偶然的，说明竞技运动是契合市场经济的社会心理的，也是培养市场经济后备人才必不可少的重要手段。

中国近20年的学校体育改革多次提出来要把竞技体育赶出学校，不准学生运动，这是一个不智之举，甚至可以说是愚蠢的。我们学生从小学一直到大学，没有一门课是教他们怎么竞争的，唯有体育，唯有竞技。如果我们把各级学校里边的竞技排斥出去的话，我们培养出来的学生便难言能够在市场经济条件下生存。我们看到有很多企业家，他在用人的时候特别要选择运动员，例如松下幸之助，他的企业的第一选人标准就是运动员，他认为武士型的职员太鲁莽、无知识，书生型的没有竞争意识，做不成大事，唯有运动员型的职工才能够完成他的要求。

任何一项竞技运动背后都表达了某种社会文化意义的追求。任何一项体育活动之所以能够持久地在人类社会存在，总有它一定的文化符号的价值，那么，这些价值最终逐渐形成了参与人群的基础。比如说赛艇，它表达的是竞争、协作、领导3个基本概念。大家都知道赛艇在英国伦敦已经开展了140年，它是由英国的剑桥和牛津两个大学每年举行一次，观众有20多万人。这个比赛表达的意义首先是竞争，第二就是协作，因为每一个桨手动作要绝对的一致，有一个桨被打了，这个比赛就不能成功了。再一个，大家都要服从舵手的命令，所以它形成的文化符号就是三个：竞争、协作与领导。我们看到20年后，美国的耶鲁和哈佛也开始举行同样的比赛，也坚持了有100年的历史。中国的清华、北大也搞过，就在颐和园边的河上，也举行过几届这个比赛，但是最后不欢而散。为什么？他们不是把它作为培养社会精英、高级管理人才的目的来做。他们是为了金牌，于是他们就从专业队里边去找运动员代替他们比赛，最后不欢而散，最后无疾而终。

高尔夫球运动呢？它要达成的目标就是效率和儒雅。为什么高尔夫球场地一共18个洞？就是当时苏格兰发明这项运动的时候，那些牧羊人带着酒壶，喝18口，就正好把一瓶酒喝完。所以当时就确定了18个洞。没有想到它的整个运动最后被一群社会精英和企业高管接管过来了，成为他们特殊的社交场合。现在世界上不管是开什么重要会议，G20啊什么的，这些重要的世界各国首脑的会议都要打一场高尔夫球。现代社会的很多重要事情是在高尔夫球场上解决的。

射箭表达的意义则是达远、精准和力道，于是射箭就很容易为追求上进的人群所热衷。我们中国式射箭曾走过一段弯路，被停了一段，几乎绝灭了一段。因为要搞高大上的国际式射箭，结果越走人群越小，变成了一项小众的运动。最近几年中国式射箭开始勃兴。2017年我去观摩了少林寺的禅功比赛，他们运用的是国际比赛的规则和中国的器械，取得了非常好的效果。据不完全统计，现在开展中国式射箭运动的人已经有二三十万。而且，在上海，这项运动得到了非常好的发展，已经深入大学，有些大学还编了射箭的教材。山西原本射箭基础非常好。我经常讲，如果中国把中国式射箭和中国式摔跤申请加入奥运会，可能早就是奥运会项目了。我希望山西能够把这项事情搞起来，最近暑假里咱们山西有一场中国式射箭的比赛，是民间搞的。

马拉松的背后体现的意义是忍耐、征服和期待，于是马拉松就可以成为热血青年的标志。中国现在马拉松比赛很热，已经有600多场，运动员要经过严格的资格审查才能够参加比赛。有些选手真不得了。我2017年9月份到广东梅州去，在梅州的嘉应学院，一个女老师告诉我，她2017年从1月到9月，已经参加了31次马拉松的全程比赛。我真不知道这个人的肌肉到底是什么样子，不可想。

桥牌和围棋的文化符号意义是谋略。前者有搭桥合作谋略的意味，后者则是孤独者的精算。社会的上层人士热衷于这类活动，因为他们时时刻刻都在做决策行为的心理标准，需要这方面的训练。最典型的就是邓小平先生，他最喜欢打桥牌。而麻将的文化品质是应变。对于沉闷少变的中国传统文化，它满足了人们力求多变的心理。在一些国家则把麻将作为培养管理者应变能力的教具。比如说，在法国，他们管理类学校的学生都要学如何打麻将，因为打麻将的过程中要不断换牌，不断变更自己的排序，所以参加的人要有很强的应变能力。我在20世纪90年代的时候曾经参与了中国健康麻将和竞技麻将的活动，并试图让它正规化。当时伍绍祖先生非常感慨，他告诉我说："麻将完全可以打，当年我们在西柏坡的时候，那家家户户都在打麻将。"他说的家家户是指的毛泽东、朱德，这些家庭都天天在打麻将。大家看到电影《建国大业》中毛泽东在那儿思考问题，思考得很苦恼的时候，朱德是拎着一袋麻将过来跟他打麻将。但是到现在为止，麻将仍然处于无政府状态。其实我们做得非常好，我们定了规则定了算分的办法，规定最多一次只能打两个小时，这是非常健康有效的，不用拿钱来赌就可以分胜负的一种活动，但是正规化没有成为现实。但是我觉得早晚有一天会见到麻将脱胎换骨成一种我们能够适应的竞技方式。

那么至于田径的毅力和坚韧、网球的创新和激情、橄榄球的狂野和冲击、足球的团队与明星、篮球对最大时效对抗的追求、击剑对骑士精神的张扬、公路自行车运动的团体荣誉和个人突围等等，这些对培养人的自信、协作、忠诚度和领导力都有重要的作用，于是也都成为我们在这些项目上有意无意的文化追求。运动员也正是在这些项目中得到了潜移默化的文化教育。

冰雪运动的文化含义是在高速中求平稳、求平衡。在人体自身肌肉能量为驱动的条件下，冰雪运动是可以达到最高速的运动项目之一。在冰雪运动中最常见的失误就是摔倒，因此在高速中求平衡求平稳、在平稳和平衡中求高速是冰雪运动的文化核心。在飞速发展的现代社会，无论是国家、民族、社会、个人，这一个文化内涵也具有重要的地位。讲了各个运动项目背后的文化品质，于是就产生一个问题：同是身体活动，为何竞技运动可以形成文化，而其他活动不能？比如说咱们在公园里看游船，它划得再快，也得不出赛艇的文化逻辑；街上的行人再多，也不会有竞走者的文化心思；拉黄包车的脚力，跑得再卖力，也绝对想不出马拉松的文化。为什么呢？因为竞技运动与其他身体活动的本质区别在于它要追求极限，将人的能力配置推向极致。然而，它又在极其严格的规则管控下，在既定的历史文化逻辑延伸的过程中小心翼翼进行，这时能产生竞技文化的空间很小，被挤出来的竞技文化的缝隙已经非常狭窄，那么挣脱出来的一定是精华，一定是让人眼睛一亮的那种特定的文化。竞技文化的产生需要关注两件事情：

一个就是竞技运动的项目，一个就是参与其间的人。什么样的竞技文化造就什么类型品格的人，而生活在什么类型地域的人，就可以塑造出什么样的竞技文化。什么样的生产方式、生活方式、什么样的价值观也会有相应的竞技文化去匹配。

我们看到号称世界第一运动的足球在号称世界第一运动强国的美国却难以落脚。而美式橄榄球在美国狂生狂长，在全球其他地方却难以生根，这就是一个文化适应地域的非常鲜明的事例。当我们将竞技运动的价值向文化方向展开时，竞技运动就变得高雅，就会与人的成长与发展有关，就会提高竞技的品位，吸引更多的家庭与孩子进入竞技运动之中。而当我们把运动员只当作夺取金牌的工具的时候，我们就不会去思索、总结运动项目对人发生的文化效应。当我们只关心金牌数量的这种政治结果，每个运动项目也就失去了它的文化个性，金牌总数也不过是相同形状金牌的数量积累。

下面讲全民健身。全民健身文化是体育文化的重要组成部分，但它不同于体育文化的其他类型，它是以改善民族体质为目的，以运动、娱乐、养生、保健等活动为手段所组成的一个社会系统。它面对全体国民，渗入社会的生活方式，改变人们的生活习惯，进入社会文化的大系统。20世纪最后的20年中，体育文化越来越凸显休闲的色彩，休闲人踏步地进入到体育运动的各个领域。

在竞技运动方面，奥林匹克运动会中不少运动项目是在向娱乐观赏方向改造，使之更加适应电视的转播镜头。职业体育则为越来越多的人提供了高水准的体育欣赏节目。而很多传统的竞技项目被简化、软化、娱乐化，适应普通人作为休闲活动的参与需要。在大众体育方面，体育运动正在进入人们的生活方式，满足人们的休闲需要，例如网球、保龄球、高尔夫球、排球、马术等，参加的人数大为增加，花样繁多的运动超市生意红火，参加运动健身体验和购买体育服装器材的人群跨越了多个年龄段。一个奇怪的现象是，中国部分健身运动参与者所配置的装备的水平大大高于他们实际参与运动的要求。我们在街上看到骑着山地车的，戴头盔，穿着全套的服装，那都是很高的标准。到高尔夫球场去看，无论是专业运动员，还是业余选手用的球杆都是世界名牌。中国现在在这个方面已经达到了世界水平。希望我们的运动水平也能够马上跟上。在全民健身现场，我们不难发现大妈们的广场舞显然比广播体操更有吸引力，全国每年这个 600 多场马拉松比赛基本爆满。大家显然不仅仅是为了健身。一些运动员身着孙悟空、超人的服装，手持道具，边跑边舞；情人伴侣牵着手，甜蜜地跑在赛道上，这一切证明全民健身的性质已经不那么单纯，已经不再停留在生物性的水平上，而是被注入了丰富的文化内涵。体育运动与休闲的高度结合，将是 21 世纪国际体育发展的潮流，我们再不能忽视休闲体育在未来体育中的价值，我们再也不能忽视休闲作为全民健身文化推动力的核心所起的作用。

我曾经早在 20 世纪 90 年代就写过文章，谈到过休闲的问题，那时候中国还没有"休闲"这个词，把这一类活动叫"消遣"，我写过一篇文章《论娱乐与消遣》，那时应该说不仅仅是在体育界，在整个休闲领域我这篇文章都属于较早的一篇。我曾经跟国家体育总局群体司司长谈，我们应该关注休闲。第九届世界休闲大会在杭州举行，这个承办单位之一是国家体育总局，但是国家体育总局一个人都，没有到现场。有一次我和时任国家体育总局社体中心主任李杰（搞武术的）发生过争论。在餐桌上我讲中国已经进入了休闲体育时代，要注意关注这个问题。李杰马上站起来跟我说："中国还有两亿人没有解决温饱，怎么能够休闲。"结果隔了两个月他在马路上见到我，拦住我说："卢先生你对了，我错了。我刚刚从日本回来，我去日本参加第 57 届休闲大会，看了人家搞的现场，我又和世界休闲体育组织的 3 位领导人，全是搞体育的，谈了 8 个钟头。我终于明白我们必须要提倡休闲。"

休闲，是从固有的文化环境与物质环境的外在压力中解脱出来的一种相对自由的生活。它是个体能以自己所喜爱的、本能地感受到有价值的方式，在发自内心之爱的驱动下而采取的行为。休闲由三个要素组成，第一个是一种态度和自由的感觉，即怀有求得闲适的心理准备；第二个是一种社会活动，即利用社会文化价值的方法手段；第三个是一个特定的时间片段，即余暇时间。休闲有三种主要的方式：阅读、旅游、运动。运动休闲的本质是游戏，它带有强烈的娱乐性质，作为维护健康、挑战自我、娱乐身心、发展社交的最积极、最有趣、最有益的休闲方式，必然成为人们休闲活动的重要选择。那么，休闲的意义是在什么地方呢？第一，休闲是人类实现全面发展、自由发展的必要条件，在现代社会，劳动与休闲的分离和对立，不仅是社会发展的重要条件，也是人类最终实现全面发展和自由发展的必要条件；第二，休闲是未来理想社会的基本内容，在未来的理想社会中，休闲观念会得到提倡，休闲的权利会得到尊重，休闲的方法会得到进一步开发；第三，休闲是一种全新的生活方式，在休闲时刻，没有政治斗争的纷杂，没有经济活动的功利，没有学术交流的争辩，没有社交场合的敷衍，呈现高度自由的状态。我们一个根本的观念正在发生变化：休闲是为了求得更好的工作，还是工作是为了求得更好的休闲。休闲产业与休闲服务创造着巨大的经济价值，在美国有1/3的土地用于休闲，有1/3的收入付给休闲，有1/3的时间投入休闲。我们中国还远远做不到，但是觉得将来总会向休闲发展。20世纪最后年头闯入中国人精神家园的"休闲"是一件"舶来品"，它来势凶猛，恰恰契合了中国社会的转型和经济的高速增长，迎合了从劳动生产经济型向休闲生活经济型的转化势头，引起人们对传统文化中休闲缺失的反思，也激发了人们对未来社会休闲生活的憧憬。

休闲，作为一种社会文化概念出现在中国人的面前，我们刚刚从生疏、怀疑走向理解、认同，并从容地接受，而要作为一种社会文化的理解体系确立于中国人的精神世界，还有一个漫长的过程。这是因为在中国长达2000年的皇权专制社会，休闲始终没有形成独立的文化体系，占据一定的社会地位，更没有形成具有现代社会与后现代社会意义的"休闲"。甚至连具有社会学、文化学价值的"休闲"的概念我们都没有修炼成功。无论是儒家主张的入世、道家指点的忘世，还是释家强调的出世，都缺少对休闲的关照。还必须指出的是，中国的体育界始终不想与休闲搭界。这是因为中国的体育背负着来自国家和民族的沉重负担，难以卸载。于是，既可以用为国争光的金牌光芒来遮蔽休闲，也可以用强身健体的增强体质来冲销休闲。因此就出现了竞技耻谈休闲、健身无须休闲、教育不准休闲的种种奇谈怪论。但是，休闲毕竟来到了中国人的现实生活中，这是现代化给中国人民的意外馈赠。没有中国的现代化，就谈不上中国人的休闲，这个命题大多数人认为是成立的；而没有中国式的休闲，中国的现代化就变得缺少朝气、血性和活力，这个命题还需要我们去证明，去赢得更多人的赞同。儿童要玩耍、游戏、健身，青少年要运动、竞技、健身，成年人要防病、强体、健身，老年人要益寿、养生、健身，女性要美体、纤体、健身，每一个群体都有自己的健身需求，每一种健身需求都可以渗透进休闲的要素。西方体育以追求功利作为发展动力，在形成巨大的社会文化运动的同时，动用、消耗越来越多的社会资源。中国体育文化更具业余的性质，对不同性别、年龄、职业的人具有更强的适应性。在讲究健康和休闲的今天，休闲的体育价值更是不言而喻的。在改革开放时代，"休闲"不期而至地出现在中国大地上，人们曾对它有过种种不理解和不认可。在中国传统文化中，休闲历来没有多高的地位。我到广东潮州韩愈曾经生活教学为官的地方，在韩山书院一块大石头上刻着"业精于勤荒于嬉"。业精于勤一定是荒于懒，因为勤是对于懒的。但是这位老先生把孩子们的游戏作为懒而处理，所以传统文化没有给休闲很高的地位，无论是社会、教育，还是家庭。在注意力高度集中于经济活动的今天，休闲也没有被给予足够的发展空间。这是造成全民健身文化空洞化的原因之一。我们必须认识到休闲是全民健身文化的核心，并把休闲嫁接进全民健身之中，让它成为推动全民健身发展的一种文化动力。只有当全民健身插上文化的翅膀时，它才能在更加广阔的田野上翱翔；只有当全民健身的文化翅膀配上美丽的休闲的羽毛，它的翱翔才能更久远，才能更多姿多彩。

下面讲东方体育文化的复兴。在历史上,西方体育文化搭乘在殖民化的轧道机上,把东方各国的原体育文化推到边缘,几于湮没。在当今经济全球化进程中,西方体育文化又如同割草机一样把世界各民族文化的多样性修剪得整整齐齐,各民族体育文化作为弱势文化,在弱肉强食的规律面前,变得如此苍白。各民族文化与奥林匹克之间形成了一种绝不对称的文化关系。又由于体育文化所特有的传播范围的广泛性、扩散倾向的世俗性、变异改造的保守性以及流行普及的易接受性,这一主体体育文化一旦占有了文化的统治地位,就具备了专制主义文化的特征。而这种文化是以欧美价值观念为基调的,以发达国家利益为价值取向的,从而使体育文化的多元性受到极大的伤害。今天奥林匹克与卫星电视、互联网、微软、好莱坞、百老汇、可口可乐、NBA、迪士尼、摇滚乐、柯达与苹果等文化产品纠合在一起,在全世界涌动着、呼啸着、成批成批地倾销着,进入人们的生活方式,闯入各国的精神世界,使许多弱小民族几乎忘却了自己的民族体育文化的过去,使多数青少年不知民族传统体育为何物。那么拿什么来拯救世界体育的文化多样性?拿什么来平衡奥林匹克造成的世界体育文化的偏失?拿什么来为21世纪世界体育文化的发展添加动力和活力呢?

我们来讨论一下,先来看看东方各个主要国家,谁能够承担起复兴东方体育文化的历史责任。俄罗斯虽然是在东方有辽阔的国土,但俄罗斯文化本质是属于欧洲,它的宗教、民族、语言、文化、艺术、风俗习惯更靠近欧洲,俄罗斯文化也更愿意融入欧洲,它不行。印度是一个历史悠久、人口众多的典型东方国家,曾经创造了以瑜伽为代表的体育文化,但由于殖民文化和宗教文化的影响,印度文化对其他民族文化的兼容性差,体育文化发展不够全面,作为东方文化的号召者难以被人们接受。

再来看看日本,日本是一个单一民族国家,有极强的文化消化能力,其民族文化受外来文化的影响较强,民族体育内涵并不丰富。而且第二次世界大战以后,日本在东方国家中的国际形象欠佳,这个"经济动物"

大国脱亚入欧倾向十分严重,东方各国对日本的扩张始终存有戒心。我去日本讲学,离开日本的时候,一位亲善中国的日本学者,叫尹山介(他多次来中国,每次来中国一定要到南京大屠杀博物馆去祭拜,是一个非常友好的,一个与中国关系非常密切的体育人士),他送我上车,临上车的时候他和我拥抱,然后拍着我的后背跟我说:"卢先生你回中国之后能不能起草一份亚洲体育宣言?"我说:"你为什么不起草?"他说:"我们日本人说的话别人不愿意听,只有你们中国人说的话可以。"那么中国是否能够承担起这样的一个职责?我们先来看一看中国文化到底是什么?中国文化的内涵有没有可能使其成为这样的一个责任的担当者。胡乔木先生曾经给中国的文化做过一个定义,他是这样讲的:从殷商文化开始,中国文化就有了有迹可查的自身特点,比如食物以黍稷与粮米为主,衣有纺织品,住有夯土和木建构相结合的建筑,青铜器为代表的新石器时代烧窑技术发展而来的礼器传统,宗教是以巫为中心的天人相通,社群以宗属群为核心,并由此发展为祖灵崇拜,文字是中国特有的方块字系统。中国的精神世界里形成的是"天下为公""修身齐家治国平天下""威武不能屈,富贵不能淫,贫贱不能移""先天下之忧而忧,后天下之乐而乐""杀身成仁,舍生取义""天下兴亡匹夫有责""为人民服务"等这样一个品格,这样的一个文化体。中国的文化是这么被总结出来的。中国文化不仅在人与人的关系上,而且在国与国的关系上都表现出了雍容、和平、温良、宽容的品格。中国文化对异质文化的吸纳、涵养、改造具有顽强的毅力、海纳百川的宽容和天衣无缝的技巧。就像源于欧洲的乒乓球运动竟然会被认定为中国的国球一样。明明是人家发明的,最后全世界公认就是中国的国球。这就是我们吸收外来文化的一个非常典型的案例。实现中华民族对人类文化的贡献,我们有最充分的准备,因为这是一种蕴藏在中华民族心头千百年的文化积淀和历史情结。我们的经典学理早在17世纪就向西方传播介绍,至今仍在国际社会中产生重要的作用。中国的陶瓷、丝绸、漆器等民艺器物很早就通过陆上和海上丝绸之路传入欧洲,并作为一种生态方式为欧洲所接受。中国的文化信息也在早年通过传教士的书信、旅行家的游记、使团的日记，包括现在众多的调查报告、采访报道、摄影资料等，传到欧美各国。今天，我们不仅要把过去的文化遗迹保存下来，继续向西方传播，让世界真正全面地认识中国，而且要以传播中华文化为机缘，在现实文化基础创造上成为当代无可争议的国际典范。这就要把中华文化过去的运行规范、习惯方式推到新的境界，需要当代中国文化人做出新的努力，其中包括体育文化人，这就要求体育文化人要有丰富的想象力和参与世界文化建设的眼光，要求体育文化人提升整体人格。只有这样才能够从现实的功利追求中摆脱出来，上升为一种整体的文化的超越。于是我们希望东方体育文化重新走上世界体育舞台，并对中国体育文化的崛起寄予了希望。因为，这是中国几千年来没有缺环的悠久历史积淀的体育文化的结果，是中国辽阔的版图和多民族的文化结构生成了中国丰富多彩的体育文化世界，这是任何一个东方国家都无法比拟的。这是因为中国众多的人口负载了巨大的体育文化力度，蕴含着巨大的体育文化的创造性和传承性。这是因为中国既有吸收外来文化的经验，也有输出中国文化的勇气。更为重要的是，中国文化在与他人交流时表现出的那种和而不同的和平、温良、宽容的品格，都是中国体育文化走向世界的有利条件，也由此可以达成中西体育文化的取长补短。

中国正在实现和平崛起，崛起的含义绝不仅仅是自身实力的强大，而应是包含着一种有影响力的文化被普遍接受。古代希腊之所以永恒，就在于它的文化直到今天还在影响着全世界，包括奥林匹克。随着我国综合实力的增强和我国国际地位的提升及我国文化在世界影响力的加大，中国承担起复兴东方体育文化的责任，已是众望所归，作为一个负责任的大国，中国完全应该在维护和建设世界体育文化的多样性方面做出实质性的贡献。

最后，一种具有世界情怀和时代精神的体育文化正在等待我们去构建。我们要将中国体育文化推介给全世界，让全球了解中国的体育文化，可以断言，无论哪一代人做到了这一点，他们对世界体育文化的贡献必将载入史册。以全球体育文化发展的眼光来看，这不仅是中国未来体育的荣誉，也是它的历史使命所在。

北京奥运会&冬奥会法律实践

刘岩

大家都公认北京奥运会是出色的、高水平的、有特色的奥运会，那么，它的法律工作也是如此，而且为中国的社会主义法治实践和奥林匹克的法律实践都做出了突出的贡献，是非常有价值的精神财富和制度遗产。现在北京正在和张家口携手承办冬奥会，在这儿用的是"携手"，而不是"联合承办"，这个是国际奥委会强烈要求的，中国政府肯定尊重这个说法。至于携手办呢，理解就多了。两个平等主体是携手，一个大人领着一个小孩也是携手，一男一女情侣夫妻拉着手也叫携手。这个就看大家体会了。我们认为北京奥组委当年的经验对于冬奥组委也是很有借鉴价值的，当然，冬奥组委不应该全盘照搬。另外，现在全国很多地方都在办大型的运动会，各地办得越来越多，而且越来越成功。山西正在积极筹备2019年的二青会。我觉得也可以借鉴北京奥运会、冬奥会法律工作的经验，当然也不能生搬硬套，各地和各地的情况不一样。那么我们今天主要讲9点。因为有些要点跟这个主题有关，但是跟大家的工作关系可能稍微远一点，我就快点讲，有的关系紧密一点，我就讲得慢一点。

首先，大家都是做体育工作的，常说奥运会，奥运会有广义和狭义之分。狭义的奥运会特指夏季奥运会。广义的奥运会最多有四个，就是夏季奥运会、冬季奥运会、夏季青奥会和冬季青奥会。国际奥委会是个非政府组织，它跟联合国不一样，跟世界贸易组织也不一样，跟万国邮联等都不一样，但它的影响力巨大，甚至超过了绝大多数的政府间国际组织，也超过绝大多数的非政府组织。国际奥委会没有会员，但是有委员，委员并不是各个国家派出去的，有的国家的委员多，有的国家的委员少，有的国家还没有委员。我们知道国际奥委会有100多位委员，但是世界上有将近200个国家，联合国承认200个国家，而且有的国家的委员又有两三个。这样的话，世界上其实只有80多个国家有国际奥委会委员。国际奥委会始终特别愿意说"奥林匹克大家庭"这个概念，它的很多文件里常提，严格意义上说的就是这4个奥委会：国际奥委会、国家或地区奥委会、国际单项体育组织以及奥运会的这些组织机构。广义的奥林匹克大家庭还包括赞助商、运动员等。

另外，残奥会呢，还有个残奥大家庭，Paralympic Family 是残奥大家庭，另立的。我们知道，Paralympic 这个词的原意里没有残疾人的意思，更没有奥运的意思。那么中国的台湾地区的人把它翻译成"帕拉林匹克奥运会"，我们给翻译成残奥会，这使我们在知识产权上面临了很多新的问题。国际奥委会对 Paralympic Games 的中文译文更是强烈质疑，它坚决反对使用"残疾人奥运会""残疾人奥运""残疾人奥林匹克"这几个词。我们经过不断的沟通、交涉、解释，最后达成共识，中国只使用"残奥会"这个词，不使用"残疾人奥林匹克""残疾人奥林匹克运动会""残疾人奥运会""残疾人奥运"这几个词，比如，自从2008年残奥会开始，我们国家都只用"残奥会"，就用这三个字。国际奥委会最后跟我们达成一个妥协，就这三个字，它算尊重我们，其他的就不能同意。我们国家有自己的法律法规，最近修改完成的《奥林匹克标志保护条例》里面也用的是"残奥会"这个词。所以说这些都是很微妙的地方，我由于长期做这个工作，所以说有这个体会。当年筹备奥运会的时候，有一个说法叫"两个奥运同样精彩"。这是中文这么说，要英文讲 Two Olympic Games，就比较令人费解。国际奥委会认为这两个奥运是什么？是夏季奥运会和冬季奥运会，它说那才叫两个奥运，奥运会和残奥会不叫两个奥运，应该是 Olympic Games and Paralympic Games 这样两个关系。

再回到国际奥委会，国际奥委会不是国际法意义上的主体，国际法意义上的主体是谁呢？有两类是国际法的主体：一类是主权国家，比如说中国、中国政府，法国、法国政府，这是主权国家，那么按照这个主权国家的逻辑，香港就不是国际法的主体，北京也不是，山西也不是，只有主权国家才是。第二个国际法的主体是政府间国际组织，比如说联合国，比如说万国邮联等等这些，政府间的国际组织就是国际法的主体。

那么奥林匹克大家庭之间的关系是什么呢？是大家基于对《奥林匹克宪章》的承认而形成的一种契约关系。奥林匹克法律事务有两个重要的基石，一个是各国和地区的法律法规，要想维护奥运会，要想把奥运会办好，要靠各国的法律来保护，不能靠国际上的，同时要靠《奥林匹克宪章》和奥林匹克大家庭内部的法律文件来解决。那么为什么说奥运会的法律工作比较复杂，主要是因为其中有一些特殊安排，比如说在电视转播市场、广告开发等领域，奥运会跟其他运动会、其他活动是有差别的。比如说奥运会在广告中实行长短无广告，就是说一个企业赞助奥运会，无论它赞助多少钱，都不能在奥运场馆里做广告。这跟其他运动会是不一样，其他运动会可以满场都是广告。奥运会在电视转播上也有特殊安排，因此，它的法律关系就特别复杂。

北京奥组委叫第29届奥运会组织委员会，这是当年的奥组委。现在的北京冬奥组委叫北京2022年冬奥会和冬残奥会组织委员会，这两个名字写法都不一样。当年虽然北京用第29届奥运会组委会，但是它也组织残奥会。为什么冬奥组委没用"届"字，因为冬奥会和冬残奥会它不是一个"届"。另外，北京奥组委的英文简称是BOCOG，而北京冬奥组委没有英文简称。这两个组委会都是事业单位，都是在中编办登记手续。这两个组委会也都是奥林匹克法律事务的主体。虽然名称中都有委员的名字，但是他们都不是社团法人，而是事业法人。另外，中国奥委会是社团法人，在民政部登记。国家体育总局是行政机关，但不是奥林匹克事务的法律主体,但是它跟中国奥委会基本上是一个机构、两块牌子,这是说的最基本的情况。

第二,讲一下中国全面开创奥林匹克法律实践的一个背景。1979年,中国奥委会在国际奥委会的合法地位得到恢复,这个不是席位。联合国恢复的是席位,在国际奥委会我们恢复的是地位,是通过著名的《名古屋决议》,恢复了我们的地位。原来中国在国际奥委会中是有合法地位的,解放前中国全国体育协进会被国际奥委会认为是中国的奥委会,后来到了临近解放的时候,中华全国体育协进会发生了一次大分裂,一部分人留在祖国大陆迎接全国解放,另一部分人跟着蒋介石跑到台湾去了,中华全国体育协进会就此分裂。分裂以后留在大陆的这部分,后来和国家领导体育工作的领导机关就合并成为中华全国体育总会。中华全国体育总会参加过1952年的奥运会。记得当年在北京筹办奥运会的时候,有选择题问大家,中华人民共和国第一次参加奥运会是哪年。很多人都回答是1984年。说1984年许海峰第一次得了奥运金牌。其实中华人民共和国是1952年首次参加奥运会,不过那次我们离金牌的距离是很远的,那次我们在奥运村升起了五星红旗,没有在领奖台上升旗。后来到1956年国际奥委会坚持要搞"两个中国",我们跟国际奥委会断绝了关系。

到了1979年,国际奥委会通过了个著名的《名古屋决议》,是用通讯表决的方法通过的。这个决议说什么?说设在北京的中国奥委会是代表全中国的奥委会,它使用中华人民共和国的国歌和国旗。设在台北的那个奥委会改名、改歌、改旗,然后留在国际奥委会。这就是所谓的奥运模式解决的问题。让台湾运动员能够继续参加奥运会,但是不能用"中华民国"的名义,必须用中国台北奥委会的名义,不能用"中华民国"的国旗,必须用奥委会的会旗等等。如果台湾不打算接受这个决议,那台湾就从国际奥委会中出去,我们绝对不会接受在国际奥会出现"两个中国",绝对不会接受。

中国虽然从1979年开始积极地参加国际奥委会的事务,但是法律工作却开展得比较缓慢。北京两次申办夏奥会的时候都没开展。从1991年起的中国一共有6次尝试向国际奥委会申办运动会，成功过2次，失利过4次。大家知道最重要的失利是北京申办2000年夏奥会失利，其实后边来又失利过一次。2018年11月13日，上海开始了一项重要的研究，研究申办2032年夏奥会的可能性。我听说还有些别的城市也很有兴趣，比如郑州、杭州，还有成都，但是我觉得成都、郑州的距离兴许还远一点。上海市体育局在11月14日发了一个声明，说大家误读了。那就是说，公示确实在网上可以看得到，但不知是怎么回事，市体育局没否认公示这件事，它只说是研究了，但大家理解错了。

在2001年的时候，北京申办奥运会成功的那一年，中国还有一件大事，中国进入世贸。就世贸的法律问题而言，我们研究得相对深入，而对奥运的法律问题，我们基本上是理论准备不足、学术研究零散、实践积累贫乏、人才的储备稀少。当年我在中国奥委会法律事务部工作，中国奥委会的法律事务部和国家体育总局政策法规司是一个机构、两个牌子，就我们这样的机构都没研究奥林匹克法律事务，你想全国有多少人会感兴趣研究这个！

我们可以从以下方面来分析北京奥组委的业务特点。第一，从机构性质来说，北京奥组委是事业单位法人，它不是机关，不是行政机关，它的法律事务具有政府法制工作决策性质，但它不是政府法律工作。第二，在对外关系上，它可以说是代表国际奥委会来承办这个事，所以它也代表国外国际体育组织在华代表机构的决策，在商业运作上它就又有点大企业的特点所以，北京奥组委的法律工作非常有预见性和创新性，防范和化解了很多法律风险，为有特色的高水平的奥运会的成功举办做了突出贡献。那么在北京奥组委的法律工作中有三类业务可以用"最"字来表述，最大量的业务，是具有奥林匹克事物特殊性的合同业务和保护各知识产权的业务，包括查处侵权的业务。这两类业务在8年时间里处理了几千件。为什么说8年？从申办成功到善后结束是8年。各有几千件，如果把这几千件事情都让律师办，那就花销太大了，另外还增加工作环节，还得转述给律师。另外，最重要的业务和最成熟最富挑战性的业务，最大量的业务不见得是最重要的。当然最重要的也不见得是最敏感的、最富挑战性的，层次不一样，那么最敏感最富挑战性的业务是什么？是针对国际惯例搞创新，根据国际惯例解决它跟中国法律法规之间的矛盾。我们既要遵守中国法律，也要履行国际承诺，有的时候二者之间会有矛盾，解决矛盾需要有创造性。熟悉奥林匹克法律事务并且业务水平高的律师为数不多，他们能力强、收费高。领导有一句很重要的话叫做：好钢用在刀刃上。我们要律师来解决特殊的难题。奥组委的法律事务是奥运会法律事务当中最重要、最大量、最典型、最有代表性、最具有奥林匹克特色的部分，但它不是全部。

现在我来说说奥组委法律事务部。在我国把组委会确立为法人机构，并办妥法人手续的，北京奥组委是首开先河。在北京奥组委成立之前，中国已办过许多运动会的组委会，当然不仅运动会了，还有展销会、展览、博物等等，甚至还有电台春节晚会的组委会，但所有这些组委会，没有一个办成了法人单位。北京奥组委是头一个法人单位，现在的冬奥组委也是法人单位。杭州亚运会组委会、南京青奥会组委会、广州亚运会组委会，也都是法人单位，都是办理了注册手续的。不知道二青会是不是和奥运会的组委会一样办了法人单位，是法人单位可以排除很多风险。当然不是法人单位也得签合同，也必须有合同，也可以有行为。那就谁组办的谁来承担主要责任，就等于交给上级来承担责任。

另外，在上述这些机构中设立法律工作部门，北京奥组委也是首开先河。北京奥运会、冬奥会都是由组委会来承担筹备工作，没有成立筹备委员会。因为组委会组织工作的概念就包括筹备工作，把筹备和组织分隔开来，未必妥当。北京奥组委的法律事务部成立得非常早，就在组委会成立的当天，说明领导极为重视。冬奥组委就没有，到2017年，冬奥组委才把法律事务从总体策划部分离出来。法律工作并不是在赛时才忙碌，它在整个各个阶段都很繁忙。坦率地说，赛时那16天还真是最轻松的 16 天。

奥组委法律部的业务不断扩大，工作职责也在扩大，有些方面甚至超出了文件规定的范围。下面就列出来这一系列的法律工作内容，首先是为科学决策、民主决策提供支持。第二是研究风险，提出应对方案。再有就是起草法律文件，出具证明，办理文书，落实申办报告主办城市合同，落实承诺。最后是监督落实，不是自己去落实。此外，还要参加重要谈判、统一管理合同、归口管理知识产权业务、办理登记注册备案手续、查处侵权等等。还要制止隐性营销。然后，管理法律服务，协调执行国家标准和行业标准，协助组委会办涉外事务，协助中国奥委会、国际奥委会，协助体育仲裁庭、国际仲裁庭等等等等。

法律事务部员工最多的时候有 50 多名，这里不包括律师，不包括承办法律服务的律师。因为我们还有两个律师事务所。当年的法律事务部提出了这样的要求，叫做精通法治、精通业务、团结奋斗、奉献奥运，并且提出和实践了"六个用"和"六个于"的概念。

"六个用"就是用辉煌的事业号召人，用身边的榜样教育人，用创新的工作振奋人，用充分的信任动员人，用民主的氛围感染人，用法治的理念坚定人。这"六个用"必须靠人的质量，所以说"六个用"主要确保忠诚。

"六个于"就是敢于坚持、勤于思考、勇于创新、善于协调、甘于奉献严于自律。国家把这么重要的事交给我们，我们不可愧对国家。人民对北京奥运会寄予那么大的希望，我们不能辜负了人民，所以强调"六个于"。我个人感觉后五个于都好做到，第一个于不好做到。敢于坚持，您不是向您的下级坚持，您是要敢于跟您的上级坚持，那才叫真正的敢于坚持。所以说，"六个于"落实担当和干净。

刚才那三段相当于总论，下面的几段相当于分论，说说合同。

奥组委的合同特别多，涉及的领域也特别多，那么在奥组委合同中最有奥组委特点的是什么？是通过奥林匹克的规则，通过合同约定来实现义务传递，这是奥组委合同中最大的特点。为什么？因为北京市政府、中国奥委会、北京奥组委都承担了很多义务，这些义务不仅要政府履行，不仅要奥组委履行，而且还需要社会各界来支持合作，才能真正履行完。所以说，奥组委就得通过合同使自己的合同相对方也知道这些义务。这就是所谓的义务传递。举个例子，北京奥组委一般意义的采购合同的相对方，都不具有奥林匹克市场营销的权利，这一点需要在采购合同中加以确认，也就形成了合同的反隐性营销条款，就北京奥组委合同中的采购合同而言，包括采购物资和采购服务，它都有反隐性营销条款。

举个例子，比如说有一天北京奥组委想买一把椅子，在正常情况下我们付钱，或者付现金，或者付支票，或者转账，那椅子就给我们了，我们拉走或等他送来，货款两清。但奥组委的采购合同里会规定，商家不许对外说把椅子提供给了奥组委，因为这就等于作宣传了，利用奥组委来宣传商家的椅子。因为商家不是奥运会的赞助企业，没有营销权利，不能利用买椅子这件事进行宣传，那么这样的条款写作写成法律条款，这叫反隐性营销条款。别的合同条款都执行完了，你还有义务继续执行这个反隐性的条款。

另外，奥委会的合同还很重视社会责任条款。比如说奥组委买个东西，它告诉你了，还给你写了，在合同里，说你生产这个东西不许污染环境啊、不许用童工啊，这是按国际惯例，也为奥组委防范风险。我认为这是负责任。

奥组委对于合同实行统一管理、严格管理，并且合同管理与公文管理分离。公文由秘书行政部管理，合同由法律事务部管理。以避免奥组委的公文系统冲击合同系统。

而且，奥组委不许内设机构，以自己名义签约。它是由指定相关部门的负责人代表奥组委签约。

奥组委在合同事务方面也有一些特殊的办法，比如说，从来不签发授权文件。实在需要，也只许可，不授权。因为在法律上授权和许可差距很大，奥组委绝不授权，权利都是自己的。

奥组委合同通常都明确规定不许转包分包，如一定要转包分包、不得不分包了，也必须先得得到许可。为什么呢？很多工程一转包一分包层层扒皮，最后质量得不到保障了。比如说，奥组委也需要装修，它肯定会请装修公司来装修啊，那装修公司就会收到通知：不许转包。因为转包出去必定是扒层皮，那样，质量必定会下降。都是风险源。

奥组委原则上不使用对方的合同，都是自己的合同文本。而且奥组委合同文本还特别绝，原则上不用甲方乙方这个词，奥组委从来不把自己自称为甲方，说"以下简称奥组委"，对方某某公司就要简称某某公司。甲方乙方名义上平等，实际上甲方一般是那个出钱的单位，奥组委不这样。

奥林匹克知识产权的保护得到了各方面的好评，它有以下几个工作要点：

第一，它非常重视通过法律文件来取得知识产权。因为什么？奥组委这几百人，几千人没有几个艺术家，不具备创作会徽、吉祥物的能力，肯定要征集作品、委托创作，所以说，要在委托征集托之前订立严密的法律文书，确保奥组委能够获得充分、完整、排他、无瑕疵的知识产权。

第二，制订保护方案。这个保护方案要在领导决策和公开发布之前进行允分的在先权利检索，防止侵犯他人权利，避免被人指责为侵权，就是说奥组委对自己知识产权的保护非常认真，同时也不允许自己侵犯别人的知识产权，那就需要进行充分的在先权利检索。这个在先权利检索有的方面比较容易，有的方面比较难。比如，商标类型、标志类型的先权利检索，可以到商标局的。有些不太好做，比如说著作权，因为著作权不是登记才有著作权。我自己创作的作品，我搁在抽屉里面，我就有著作权，对不对？这个检索比较难的。

第三，及时办理注册登记备案手续，这个不能耽误，一耽误被人抢了，麻烦了。北京奥运会和残奥会期间，全部奥林匹克标准一律办理了奥林匹克标志备案。但是现在没这事，当年有这个备案制，现在没了，2019年取消了。选定最重要的奥林匹克标志办商标注册，许多国家和地区是针对商品和服务类别进行商标注册。刚才我说的这保护方案里就要对这些进行策划。比如，我们的商标究竟在哪些国家进行注册，就需要决策；会徽出来了，要进行商标注册，该选择哪些国家。当然可以参考上一届奥运会办，比如说雅典奥运会的商标几十个国家进行了注册，它就在塞浦路斯注。因为塞浦路斯是希腊旁边的一个岛国，紧挨着希腊，岛上的主体民族是希腊族。所以说，希腊在塞浦路斯被侵权的可能性比较大。比如说我们研究需要在韩国进行注册，以保护我们的知识产权。我们认为有风险，就要注册。我们在朝鲜就没有注册，因为认为朝鲜这样的国家没有私企生产假冒产品的可能，如果朝鲜要生产那就是国营生产的，那就不是注册能管得了的事了，最后我们也没发现朝鲜侵权。所以，要注册的国家、地区、商品都是需要选择的。

每出现一个知识产权，都要制定一个知识产权保护方案。另外，我们选择重要的残奥会标志办理特殊标志登记，尽量充分地办理著作权登记，没办任何专利登记。并且残奥会标志不纳入奥林匹克标志。这段就说我们的保护策略需要精心研究策划。

对于社会各界的非商业使用，北京奥组委知识产权予以支持，但不设定强制实施。什么叫非商业使用？不是使用者自己说自己是非商用的。需要工商局判定，它认为是商业使用就是侵权，它认为是非商业使用就合法。然后，谁能商业使用呢？是赞助机构。赞助机构能够为商业目的有限度地使用奥林匹克知识产权。商业机构里有一个词叫"供应商"，这个供应商是赞助机构的一种，它不是向奥组委卖东西，而是白给奥组委东西的，支持奥运会。让奥组委花钱买的，那不叫供应商，那叫采购对象，所以说这词儿都有特定含义。

另外，不允许赞助机构以外的机构为商业目的使用奥林匹克知识产权。我们从来不搞特例，不开缝隙。北京奥组委法律事务之所以搞得风生水起，就是不搞网开一面，谁来这里都是这么办，信法律，别的都不信。还不允许商业使用和非商业的混在一起，但是可以赞助企业这么做。我们坚持了一把尺子量，拒绝一切说情，不搞任何通融、默认、放纵，法治理念很重要。

再有，及时提示奥组委各有关部门务必增强知识产权保护，既不能默认同意其他单位和个人侵犯奥林匹克知识产权，也不能有意、无意地侵犯他人的质疑。需要重点提醒的是宣传部门，宣传部门容易点头，宣传嘛，拿去用吧，所以这些部门要多加小心，别随便弃权，让人家用，也别侵犯别人的权利。比如文化演出，唱了一首歌是不是得到了人家著作权的同意，这都要算。开幕式的节目里边用到的知识产权已经得到许可了吗？等等，这都可能有关是非。

我们强调，一旦发生争议，必须坚持原则，讲究策略，及时依法处理，不能让步，不能迁就，更不能一笔糊涂账。

奥林匹克知识产权的来源主要有几个：一是法律法规规定，像"北京2008"这些字样；二是他人创作，我们通过法律程序得到的；三是知识产权权利人自行创作的，这个为数很少。奥运会的知识产权属于奥林匹克的知识产权，残奥会的则不属于奥林匹克的知识产权。另外还有其他知识产权。奥林匹克知识产权包括几种商标的专用权、特殊标志所有权、著作权和其他知识产权。各国在办奥运会的时候都很少办专利，甚至不申请专利。当年北京奥组委没有申请任何专利，没有遭人抢注专利，也没有发生专利纠纷。北京冬奥组委申请了为数不多的专利。

我国的法治体系下，奥林匹克的标志是最重要、最大量、最典型、最有代表性的奥林匹克知识产权。奥林匹克标志和奥林匹克知识产权几乎是同义词。那么奥林匹克标志有哪些呢？在《奥林匹克标志保护条例》第二条，一共分了6类，但是不包括残奥会标志。如果对奥运的标志的形式分类的话有三种：一个是图案图形型的，就是会徽、吉祥物；第二是文字口号，比如说"奥运""北京2022""奥组委"等等。第三，还有其他表现形式，比如会歌。国际奥委会认为奥林匹克标志只有一个，那就是五环。但中国政府、北京奥组委、中国奥委会认为奥林匹克标志有许多种，都列入了这个条例。

关于奥林匹克标志权利人，这个条例第三条也有规定：一个是国际奥委会是权利人，中国奥委会是权利人，这两个都是长期存在的。另外还有申办机构，奥运会的申办机构是权利人，奥运会的组织机构是权利人。这两个都不是持续时间长的权利人。其他人都不是权利人。那么有人问了，要保护国际奥委会、保护中国奥委会，那法国奥委会在中国的权利怎么办？法国奥委会在中国的权利应该按照商标法去保护，按照著作权法去保护，奥林匹克标志不保护法国奥委会。只保护国际奥会和中国奥委会及组委会。残奥会标志的保护，按照条例第17条参照执行。

最近两年，由于体育市场发展、运动会发展，隐性营销的词已经引起了很多法律界、律师界及一些体育产业工作者的重视。国际奥委会从市场开发的角度讲品牌保护和反隐性营销。我们从依法行政和依法办事的角度讲保护奥林匹克知识产权和查处侵权。

那么什么叫侵权？就是说为商业目的违法使用奥林匹克标志，没有得到许可这就叫侵权。就必须依法查处。比如在商品和包装上印了会徽、印了五环，广告中用了"奥运"的字样，用了"北京2022"这些词，没有得到权利人许可，那就是侵权行为。这样的侵权行为在运动会的举办地比较常见。侵权行为即使和公益活动混在一起，也仍然会被查处。那么侵权行为是谁来查处的？过去主要靠工商和海关，今后主要靠市场监管和海关，我们当然有权利通过诉讼来维权。

2001年，我在北京奥组委法律部刚开始主持工作时，就跟国际奥委会法律部打交道。国际奥委会法律部的人就问我要把侵权的人都送到哪里。他们主张送上法庭。我当时就说不能这么做，如果说把这几千个侵权案件都因为法院裁定的话，也许到现在差不多可以把几千个官司打完。我们就用工商来行政执法。国际奥委会认为行政执法不是一个真正的惩处，后来由于我们不断地做工作，国际奥委会才相信中国的工商执法确实太有力了。所以说北京奥运会知识产权的保护得到了全国工商局的鼎力支持。到奥运会邻近散会的时候，国际奥委会法律部的人给国家工商总局知识产权局写了感谢信。我们把这些感谢信给政府部门送去，政府部门还是很高兴的，因为得到了国际组织的认可。

隐性营销是什么呢？隐性营销是暗示，隐性营销没有使用奥林匹克的标志，它只暗示这个企业与奥运会有联系，应该说它是违背商业道德但未必违反法律。因为它没使用奥林匹克标志。这是我们的理解，但是国际奥委会不这么理解。国际奥委会把违法侵权和隐性营销混在一起，把这两类统称为隐性营销。所以，我建议研究法律的时候，应该把这两点分清楚。经过北京奥组委法律事务部这几年的努力尝试，国际奥委会法律部的人士开始理解和接受了我们的意见，知道有一部分侵权，有一部分是不侵权但是违背商业道德。

我们说的隐性营销不是我国法律法规中的术语、概念。所以说制止隐性营销不属于知识产权保护范围，但是奥组委的法律工作者明确支持其市场部。2017年11月，全国人大通过的《反不正当竞争法》第六条第四项作了相关规定，可能对于解决隐性营销有好处。后来，2018年修订《奥林匹克标志保护条例》第6条时，也有了类似的规则，虽然没有用"隐形营销"这个词，但有利于防范和制止隐形营销。北京奥组委在工作中注意了区分三个层次：一个叫打击犯罪，一个叫查处侵权，一个叫制止和防范。这个要分开的。

我再讲讲奥运和冬奥立法的事。北京奥运会的立法有个总体考虑。启动立法机制需要花费大量精力，而且旷日持久，如果立法完了再筹备就耽误事，如果准备不充分就立法，也可能对风险忽视。所以说，北京奥运会或者北京冬奥会的法律是基本而充分的法律保障，这个充分很重要，就是说我们偶尔有些缝隙，但是缝隙不大。实施奥运立法也不是为北京奥运会制定一部法典式的文件。奥运会立法主要是通过地方立法来解决的，到了北京奥运会开幕的时候，市政府法制办编完了一本文件汇编，1500多页。由北京市人大常委会颁布的地方性法规。它是奥运立法，但它很少用"奥运"二字。为什么？它主要是立足于奥运之后，这个法律法规还能继续使用。所以说这一点北京市人大就是站得高、看得远。

北京在搞奥运立法的时候并没有跟其他的赛场城市进行立法协调，但是也都搞得很成功，所以说我的观点就是与其搞地方立法协调，不如搞行政执法协调。比如张家口，它现在比较重视立法，但是到底能不能在冬奥立法恐怕还是个问题。所以，我认为依靠新的立法来解决北京冬奥会的问题，不是最具有操作性的思路。

下面我介绍一下法律服务。所谓法律服务，指的自然是律师了。北京奥组委当年一个法律顾问都没聘，也不聘个人，也不聘机构，也不聘专家学者，更不聘领导。而且奥组委也不在法律援助的条例规则范围之内。因为法律援助是给弱势群体的。奥组委不能做违法先锋，不能跟穷人去抢法律服务。律师协会在这个工作起了很大的作用，但是它没参与奥组委的法律服务。奥组委的工作是奥组委自己主导的。

另外，我们不在律师界搞恶性竞争，不能说今天有事请这个律师事务所，明天有事请那个律师事务所，那样的话，工作没法协调。我们最大量的工作、最重要的任务、最敏感的事项，还是由法律部自己来承办。给律师属于尖端问题。所以我们有个体会，叫做主力军、大部队是奥组委法律事务部，律师事务所是精锐部队、是尖刀。冬奥组委的法律形式、服务形式与这个不一样，今后不要发生很大变化。它首先承诺的是奥组委要征集赞助商，要在律师事务所里征集赞助机构、征集供应商。这就有问题了，它跟法律援助到底是不是一回事？我们说了法律援助是司法救助制度，而后者赞助是商业安排，属商业方面。全国律师协会有针对律师和律师事务所不收费或减低收费行为做出禁止性、限制性的规定，所以，怎样来解决问题，恐怕还需要再研究。

冬奥会和奥运会的律师服务、法律服务都有哪些，我总结了这么几点：第一是为申办机构和组织机构服务；第二是为中国奥委会、中国代表团服务，包括常年的服务、专项的服务、紧急的服务等等；第三是为国际奥委会和国际体育组织服务，特别是为其在华业务服务；

第四是为中国香港奥委会和中国澳门奥委会在内地的业务服务，为中国台北奥委会在大陆的业务服务，为其他国家奥委会在华业务服务；第五是为国际体育仲裁庭及其争议各方服务；第六是为党和国家各级机关服务，为党和政府领导北京奥运、冬奥筹备工作提供法律支持；第七，为参加奥运筹备的社会志愿服务和奥组委组织的赛会志愿服务，这两个是不一样的，赛会志愿服务基本上是进会场了，社会志愿服务一般是在场外协助卫生，交通等工作；第八是为电视转播机构服务，为赞助机构服务；第九为投资设计、施工监理、采购对象、特许产品、奥运票务机构服务；最后，为奥运知识产权原创的服务。

把上述这些合并起来分析：关于第一类是为组委会服务，这一类的人数是很少的，十分有限，绝大多数律师不能通过或很难获得机会；关于第二类到第五类，就刚才我说为国际奥委会、为外国的、为香港的奥委会，这个目前作为的还比较少，需要继续开拓；第六类和第七类工作，过去在北京奥运会期间，有很多经验值得继承、创新和发展，律师事务所可以大有作为；第八类到第十类本来就是律师事务所分别承担的，这个累计的工作量巨大，服务费的总额很高，所以说，律师事务所可以积极争取。

最后再讲讲争议解决，大家都很关注打官司的事，不仅是律师，其他同志做法律工作时也总有争议。北京奥组委一般合同中要首先约定特殊约定一个协商机制。对于争议解决，也可以约定仲裁，也可以约定做诉讼。

关于民商事诉讼，北京奥组委当年是约定了贸仲和北仲仲裁，当年的处理办法是给40%的合同约定在贸仲，40%的合同约定在北仲仲裁，另外剩下一点的合同约定为诉讼或者约定在香港仲裁，甚至还有约定在日内瓦、维也纳仲裁的。为什么我让贸仲和北仲各占40%呢？主要这两个机构的领导不断在北京奥组委发挥影响，要求把它们作为仲裁机构，我们就满足了它们的要求。但是没让吃独食，每人一半，大概就这么多。

国内体育仲裁是这样，体育法里有规定，但是到现在为止，体育仲裁机构和制度都没建立起来，所以体育法的这个条款并没得到落实。

然后就是诉讼了。北京奥组委没有做过原告，吃亏认了，奉承这么一个原则。但是不让别人告恐怕不行。这是人家的基本诉权奥组委作为被告，就是不妥协、不调节、不和解，丝毫不让步，告诉你咱俩在法院比画吧？

还有一些诉讼提到北京奥运会的相关事宜，但是奥组委不是诉讼的当事人。另外，北京市朝阳区人民法院设立了奥运村法庭，这个奥运村法庭并不审理奥运村当年在奥运会时的居住者，就是运动员、教练员、官员的案件，所以它跟奥运的诉讼是无关的。

从法制的观点探讨北京奥运会的筹备与组织工作，我就不再多说，因为跟大家的关系不是那么密切。我在北京奥运会时除了做法律工作，还是北京奥组委的宣讲团成员。当年在宣讲的时候，总有很多的熟人、生人都问我一个问题，我们这奥运到底是赚钱还是赔钱？说奥运赚不赚钱，首先得说清楚是谁赚钱，赚钱得有主体啊。北京奥运会修的地铁，等于把钱变成了地铁，对不对？北京地铁造福北京人民几十年上百年，对不对？就谈不上赔啊，是不是？说北京为了办奥运把首钢搬出去，实际不是搬出去，是把北京的首钢拆了，在唐山盖了个首钢，是新买的设备，不是拿北京淘汰的设备搬到河北。这件事情也是大好事，北京从此减少了污染，这是为人民做好事，北京市政府早该这么做啊。

北京奥组委的钱从哪里来？有这么几项，第一大项是国际奥委会给的，国际奥委会给了10亿多一点美元，这个钱办奥运会不够，需要北京奥组委自己去赚钱。但北京奥组委房无一间、地无一垄，拿什么赚钱呢？就是出售知识产权。人家有偿使用，让赞助商使用，北京奥组委会的知识产权这个操作得了十多亿美元，合起来两分钱把北京奥运会给办了。办这奥运会是只可以吃饭，不可以把饭买来；只可以住旅馆睡觉，不允许买被子。就相当于不许搞基本建设，只能用于办会。这些钱花了以后，还有结余，这就是北京奥组委结余的。刚才说了北京奥组委的两大收入20多亿美元了，节约了10亿人民币。所以说北京奥组委是赚钱的。但是北京奥组委是个事业单位，坦率说不应该以赚钱为目的，只是说他花得比较省。结余了钱怎么办？主办城市合同里有规定，这结余的钱国际奥委会要分走20%。剩下的钱怎么办？中国奥委会要分走剩下部分的20%，就是80%的20%，再有剩下的钱就全归北京市，就这么分配，写在合同里。真到分的时候，国际奥委会就没要那么多，中国奥委会也没拿走它的20%。那么最后北京市就结余下来8亿人民币。然后北京就拿这8亿人民币办了一个北京奥运促进城市发展基金会，还继续往里充钱，同时开始办业务。国际奥委会特别反对把基本建设记入奥运会的成本。所以说，北京奥运会在结算的时候，就严格地区分了奥组委的开支和基本建设开支。就是奥组委是奥组委的账，基本建设是基本建设的账，分开算。从第一分钟起，这粥就应该是两碗。

围棋与国家

林建超

尊敬的程局长，山西体育系统的各位领导和同志们、山西省围棋系统的各位同人，大家下午好！刚才主持人简要介绍了今天下午开讲的题目和相关背景，题目总的是在围棋与国家的大的思想体系里，具体结合这次我到山西调研的实际经历，就把它定名为"从国家视角看山西围棋"。这次到山西调研，以与时俱进加强围棋文化建设，扎实推进地方围棋协会改革为主题，先后到了晋城、临汾和太原。在很多方面，特别是围绕着尧都文化、朱丹文化、箕子文化以及围棋的起源、发展、传播等方面的新进展、新成果，与山西省体育主管部门、围棋协会和有关地方政府、围棋组织达成了新的共识，对进一步推进山西围棋事业的发展明确了新的目标，可以说是收获巨大、感慨良多。下面就围绕今天报告的主题从国家视角看山西围棋，讲三个问题。

一是围棋为什么会成为中华优秀传统文化的精神标识与文化精髓。最近国家体育总局苟仲文局长在听取中国围棋协会林建超主席汇报时指出："当前总局工作的重中之重是备战两奥。但是，备战两奥固然很重要，围棋也很重要，围棋文化走出去是贯彻习主席指示的重要举措，要按照部署要求抓好落实。"苟仲文局长谈话的主要精神在全国围棋协会系统已经进行了认真的贯彻和落实。那么中宣部的指示要求是怎么回事？让我们从一份很重要的《会谈纪要》讲起。2018年9月21日

《人民日报内参》第 1068 期以"中国围棋协会主席林建超的建议：将围棋打造成讲好中国故事的重要名片"为题刊登了专访，引起中央领导的重视。中宣部领导于 9 月 26 日作出批示，要求认真研究这个课题，形成一个系统的工作方案。由中宣部对外推广局（中华文化走出去协调小组办公室）具体负责本项工作。中宣部领导指出，中央高度重视中华文化走出去工作，已经在顶层设计和总体布局方面作出了重要部署，就中华文化对外推广工作提出了明确要求。习近平总书记多次提出要坚定文化自信，推进中华文化走出去，最近又明确提出要把中华传统文化的精神标识提炼出来、展示出来，把传统文化中具有当代价值、世界意义的文化精髓提炼出来、展示出来。中宣部领导指出，贯彻习近平总书记重要指示，一定要在挖掘、提炼、展示精神标识工作方面下功夫，以此作为中华文化对外推广工作的抓手，进行重点突破，围棋是国粹，又为世界人民所喜爱，特别是围棋与人工智能为代表的当代最新科技结合更具有了时代价值，成为中华文化对外推广工作的最好抓手之一。根据领导批示，中宣部将专门研究围棋如何走出去，由中宣部牵头协调资源，具体由中国围棋协会承担，尽快形成可操作的中国围棋对外推广工作方案和路线图，希望中国围棋协会能围绕如何采用民办公助的方式开展工作，提出一个方案，具体可学习借鉴关于加快推进体育文化走山去的意见。中国围棋协会表示，坚决拥护中央将围棋工作提升至中华文化走出去重要战略位置的决定，围棋作为国粹国义，正是习近平总书记要求的中华优秀传统文化精神标识为中华文化走出去的重要抓手，中国围棋当之无愧。在中宣部对外推广局（中华文化走出去协调小组办公室）直接领导下，中国围棋协会相关各方一起尽快制定出中国围棋战略规划和实施方案，双方商定，中国围棋协会以将围棋打造成讲好中国故事的重要名片为主题，广泛征求有关单位和人事的意见，研究提出指导性、操作性强的工作方案，上报中宣部。中宣部征求相关部门意见，对方案进行修改，按照程序上报审批。这就是我们说的，从一份简单的《会谈纪要》看围棋现在已经提升到什么程度来展开工作。

接下来我们就根据这个引子讲一下围棋成为中国优秀传统文化精神标识与文化精髓的 6 条主要理由。

首先围棋发源于中华文明母体，是从中华文明源头流淌出来的智慧之果，围棋的思想渊源是伏羲的阴阳八卦思想，并与神农文化、黄帝文化、尧文化相关，也就是说围棋的思想渊源主要是伏羲文化、神农文化、黄帝文化和尧文化。围棋起源于上古农耕时代先民对土地的认识、标识和争夺。接下来我们看一下围棋是如何反映我们的先人对土地的认识与争夺的。

距今 5000 年至 7000 年的仰韶文化的类棋盘纹图案已经高度类似今天的棋盘，我们曾经把它译作网纹，从棋盘的角度我们也把它称作"类棋盘纹"。

甘肃的临洮，在河西走廊上的距今 4100 年至 5300 年的马家窑文化陶罐上的类棋盘纹，大致把它拓下来，我们就可以在上边下围棋了，并不需要做太多的修改。而远在南方的良渚文化的陶罐上的刻符上面是彩绘的图案又是类棋盘纹。专家对它的解读是一只神兽夜里走过水田去狩猎。总之以上都表明我们的先人在 4000 年到 7000 年前已经非常熟练地掌握了纵横经纬线条的图案，这就是围棋棋盘的基本存在条件。

看完了棋盘，我们再看一下棋子，4000 年前到 4300 年前，今天的陕西神木地区和我们的尧都完全处在一个等高线上，这里出土了好多陶制的小玩意，考古队叫不出来名字，征求我的意见，我告诉他说可以把它叫做是类棋子，是陶制的类棋子，拿在手里正好，这个手就是我的手，表示它就这么大，拿在手里正正好，有一个非常值得重视的现象就是神木距离我们的尧都临汾平阳只有 400 公里。据社会科学院的专家在现场的推断认为，尧都文化很可能遭受过莫名强大力量的入侵，所以这两者之间是有直接联系的，现在这个结论没有公开发表，但是值得引起重视。

第二个，中国长期居于世界围棋之巅。围棋从中国走向世界，在世界围棋发展的绝大部分时间里，就是距今4300年左右的历史中，中国长期处于围棋发展的主体和主导地位，中国创造了17世纪前绝大部分的世界围棋之最，甚至直到中国的南北朝时期，也就是距今约1500年的时间，才开始有了外国围棋的正式记载，从这个时候之前的所有时间里有关围棋的一切都是中国创造的，因为那个时候除了中国人，世界上的其他人都不知道围棋为何物。在以后的发展中，一直到17世纪，才在日本、朝鲜半岛开始有了围棋独特的表现。中国是世界围棋发源地、起始国和传播源，这并不排斥在近400年内日本包括后来的朝鲜半岛的韩国对围棋在世界传播中做出的贡献，但是后者都属于二次转播，就是在由中国传到他们国家之后再进一步向外延伸，而且到现在，向世界传播围棋的主体和主力仍然是中国。

第三个，围棋在中华民族精神生活中占有特殊位置，集中体现了中华民族的思维特征。我们可以以下从几个方面来看，中国传统文化突出表现在儒、释、道这三个方面（儒家是指导思想；释是指佛教，到中国之后形成禅宗；道是中国的传统文化，是中国自生的最重要的宗教），而儒、释、道文化对围棋总体上持包容态度，从孔子的下棋悠闲就算闲的标准，到孟子讲"今夫弈之为数，小数也"，亲自记载了当时的大国手弈秋的事迹，可见儒家总体上对围棋是包容的。佛教一开始对围棋是有排斥的，包括中国的禅宗，但是在后来的发展中，越来越对围棋也持了包容的态度，《大藏经》等佛教经典中居然有48部佛经62处记载了围棋的内容，涉及很多方面，其中包括要顺遂世间法。道教不用说了，道教从一开始对围棋就是包容的，一直延续到现在。古代中国有7种主要才艺文化标准，每一种都包括围棋，现在我们经常说琴棋书画是古代人的四大才艺，这个看一下中国古代才艺的标准就可以知道究竟有过哪些。最早的一个标准是《周礼》"六艺"，就是《周礼》上规定所有的贵族青年必须要掌握6种本领，礼、乐、射、御、书、数。礼、乐、射不用说，"御"是架马，"书"是读书，这个数包括围棋，因为孟子说了，"弈之为数，小数也"，是从孟子开始就把围棋列为数的范围。到了春秋时期在道家的思想标准中增加了"四习"：习射、习御、习琴、习艺。要会射箭、要会驾马车、要会写字、要会弹琴、要会下棋。接下来，到了魏朝和晋朝的时候就提出了决弈的标准，称围棋为决弈。到了南朝就提出天下"四围"，围书、围艺、围礼、围弈。这"四围"中就包含了围棋的标准。再下来才到唐朝的"四艺"——琴、棋、书、画，当时叫琴、艺、书、画，这是何延之文章中首次提出来的。再接下来，我们看明朝出现了"四适"，也是按照琴、棋、书、画来表述的。到清朝出现了"八雅"：琴、棋、书、画、诗、酒、花、茶。所以我们说中华文化的 7 次才艺标准的概括都包含围棋。

围棋是唯一进入国家治理形态的智慧游戏，从南北朝的时候开始正式设立国家的围棋机构，叫"围棋周易"，就是在周和易这两县都建立围棋机构，以后在朝廷中设立棋代招，不是官员，是固定的旗手的位置。把围棋纳入国家意识形态治理的范围，从元朝以后基本上就没有争议了，《玄玄棋经》的序言把它纳入国家治理的范围。我们的统计是这样，开国皇帝都下围棋，后来进一步发现，有作为的皇帝都下围棋，后来干脆一统计，所有的皇帝都下围棋，所以这是一个普遍现象。以兵论棋、以棋论兵是中国古代战略文化的一个突出特点，所以，围棋是人类创造的最高层次的智慧游戏。我们从围棋的空间特征、时间特征、层次特征、目标特征、行动特征、进程特征各个方面都可以看到，围棋包含着非常重要的完整的战略元素。围棋的复杂度，也就是它的总变化量从明朝，实际上从唐朝就已经开始计算了，真正计算的有成果的是到明朝。现在最新的统计，围棋的变化量或叫总的复杂度为 10 的 808 次方，这是包含重复提子。不包含重复提子，是 10 的 768 次方！这个复杂度，现在来看，没有任何一个智力游戏能够比得上。所以这也是人工智能能够以围棋为进入人类生活的突破口的一个重要原因。围棋的理念和译法贯穿了中华民族的思维方式。我们经常讲到围棋要求的是整体、大局、共存、效率、包容、均衡、中庸、理性、

围棋与国家

修养、规矩、创新等等，这些理念在围棋的弈法和理念中比比皆是。昨天晚上体育局的赵局长和我深谈，今天上午我们一起进行调研，他就围棋文化对他的人生、工作、学习所起的启发作用谈了一上午，讲了很多这方面的体会，我听了以后感受颇深。

围棋成为世界认知中国的窗口和标本、中国连接世界的桥梁，所以我们现在可以概括围棋是中国文化软实力的形象符号、精神图腾、智慧标本和认知窗口。了解中国文化，不了解围棋是不可想象的。美国人、欧洲人都把基于中国文化的围棋作为研究了解中国战略思维特征的一种标本和工具，甚至他们发表的文章都说围棋中包含中国统治世界的秘诀。基辛格的《论中国》中专门辟出专篇，研究围棋文化与孙子文化。我们在南海的行动，美国的研究者命之为"中国在南海下'围棋'"。美国陆军战争学院专门提出研究报告，把中国对台湾的战略用围棋思维进行演示推演。所有的这些都表现了他们对围棋作为中国文化标本的一种特殊的感受，现在围棋也成为国家和平外交的一种桥梁和大国战略博弈的平台。奥巴马到中国访问，送给时任国家主席胡锦涛同志的是从中国棋手手里要过去的围棋和美国自产的棋罐。习近平主席到韩国访问，韩国时任总统朴槿惠给习主席送的国礼是韩国产的玉石棋子。就在这次谈话中，朴槿惠提出了"围棋好像人生的旅程"。习近平主席马上给予了一个高度精辟的概括："围棋包含人生的哲学和世界战略。"这句话在韩国引起了强烈的反响，各大报刊头版头条予以报道，认为这是高度精辟的语言，而且最重要的是它被之后的历史进程验证。中国是互联网大数据智能化时代围棋发展的最大市场与最强推手，

随着人工智能进入围棋领域，新的世界围棋热开始了，但是真正推动人工智能进入市场的，实际上是中国的围棋界和围棋爱好者。在阿尔法狗比赛转播的过程中，观看量最大达到了8000万。而柯洁和阿尔法狗的新版本叫Alpha master，就是阿尔法大师，第一代称作Alpha lee。Alpha master已经比Alpha lee能力要高很多，要让几个子。到Alpha master时，观看量达到了1.2亿。这1.2亿中的绝大部分是中

国的爱好者。以后出现了阿尔法零，叫 Alpha zero 这个最新的版本。现在的关注度达到了三个亿，中国的爱好者所产生的这种关注和强大的市场推动力，使得现在中国在人工智能围棋软件和系统开发上步步逼近谷歌的研究成果，因为现在 Alpha zero 已经宣布退役了，它觉得没有人能赶上它。可是现在我们的决议、经贸新政都在加速发展，而且目标是要早日赶上阿尔法狗，那么这个目标有没有可能实现？以现在科学技术的发展速度和中国人对围棋的理解以及我们这些研究团队的决心、信心和能力，这个是可以期待的。最近中国围棋协会制定了第一个围棋人工智能技术全面运用发展的规划纲要，提出了要围绕围棋的市场广泛运用构建 16 个方面的技术平台，这个也是世界上第一个围棋人工智能技术全面发展的战略性规划文件，现在正在协会内部组织讨论修改完善，下一步将很快发布。所以中国将成为推动人工智能围棋技术运用发展的最强有力的动力源。

　　谷歌的大老板施密特有双重身份，一个是美国国防部数字创新顾问委员会的理事长，一个是谷歌的投资公司 Alphabet 的理事长。我见他第一面就说："我们俩是同行。"他就笑说："为什么是同行？"我说："第一个，我也不隐瞒，你也知道我的身份，我也知道你在美国国防部的角色。第二个我们都做围棋。"他就笑，他是决策收购迪普曼的核心人物，就是谷歌创造团队的核心人物，是美国的战略投资掌门人。哈萨比斯是迪普曼的负责人，阿尔法狗就出自他之手。这个人极端聪明，他认为阿尔法狗最大的特点是懂战略。他的报告中间用了一个中文的 PPT，上面写了两句话，我就用这两句话开始跟他交谈，谈了半个多小时。吃饭的时候，主办方专门让我和他坐在一起。他说其他程序讲战术，阿尔法狗讲战略，不是说阿尔法狗有人的意识，而是说最佳选择是围棋固有的战略元素。这个说明人类的选择出于这种战略意识的选择和人工智能出于计算逻辑推算得出的结果是一致的。这就证明了围棋中所含的先天的战略元素和规律。最后一个就是中国已经接近重新成为世界围棋中心性强国的战略目标。新一届中国围棋协会根据党的十九大精神提出，中国围棋发展的战略目标是"要让围棋成为新时代人民美好生活的组成部分"，"中国要重新成为世界围棋的中心性强国"。党的十九大提出的"我们要成为文化强国、教育强国、体育强国"。在围棋的表现，我们就不是一般地提强国了，而是要成为世界围棋的中心性强国，这才和中国在世界围棋发展中的地位作用相吻合。以上我们讲了围棋为什么会成为中华优秀传统文化的精神标识和文化内涵。

下面我们就把这个尺度放到我们的故乡山西。围棋文化在山西的起源发展为什么值得关注？这是今天的报告的第二个问题。古往今来，围绕围棋的起源发展，在山西发生了许多重要的标志性事件，构成了中国围棋史上的经典篇章。我在这里讲几个故事，它们是山西围棋文化起源发展传播中的经典性标志性的事情。大家可以从中看到山西围棋发展的一些特质。

首先，尧都文化与尧造围棋。尧造围棋是史上关于围棋发明人的主流说法。在中国的古籍中，关于围棋起源的有40多部著作，都是非常重要的经典性的著作。提到围棋起源，一共有52处，那么这52处中，99%都提尧造围棋。"尧造围棋以教子丹朱"，又是所有的这些说法中最主要的说法。这个问题长时间以来，我们都是只把它当作一般的传说来看，但是在2015年6月18日，中国社会科学院考古研究所在临汾发掘尧都取得了巨人的成功，向全国也向世界发布了一个重人的考古消息，即"尧都位于山西临汾，过去所说的平阳"。这一次我到临汾和有关方面进行了密切的接触，实地考察了这里边已经掌握的主要线索。我们赶到这一次的考古定位，首先是确定了尧，包括他的继任舜，都是历史的真实存在。在120年前日本脱亚入欧的时候，白鸟库吉等著名的日本历史学家提出了《尧舜抹杀论》。为了要脱亚入欧，就说他们所崇拜的中华文化，特别是尧舜禹，是历史的虚构。虽然他们对中华文化也有足够的尊重，但是他们对中国上古文化的认识，现在看来完全是错误的。这一次尧都的考古定位向全世界宣布了尧的真实存在。而尧是中国五帝时代后期的主要代表人物，在中国古代有文字记载的正式的领袖人物中首先是三皇：伏羲、神农、黄帝。但是三皇在《史记·帝王本纪》中没有记载，《史记·帝王本纪》第一篇就是《五帝本纪》。五帝是黄帝、颛顼、帝喾、尧、舜。这次的发掘证明舜的初期，舜都和尧都是连在一起的。刚才我跟陈局长说这个结论我以为是很重要的。因为尧和舜是禅让，现在看来这是一种高风亮节。但是不能说舜接了班，立马就搬家走人，这个可能性太小了。所以考古的结果认为舜都在很长时间内就在尧都。很多的考古发现证明了当年《尧典》的准确性。比如说在《尧典》中就记载尧派人观象授时，这次发掘出的观象台能够精确地计算两分两至，就是春分、夏至、秋分、冬至。而这些天文和历法的观测结果实际上是围棋形制的重要依据，是上古农耕时代对天文的认识。361加上四个星位是周天之数，四个角，或者换句话说，围棋棋盘的四个象限——40。周边全部加起来，去掉四个重叠的是72头。五侯——五天为一侯。这个是在整个中国农历的历法中非常重要的基数。所有的这些数字，所谓的数字密码，在围棋中蕴含的这一些和尧组织观象授时得出的结论完全一致。站在古观象台上，就可以浮想联翩。所以这些过去找不到实体存在依据的，现在全部得到了证实。

这次我还到了晋城的高平和临川。这里边很重要的一个就是"尧造围棋以教子丹朱"中丹朱的定位问题。史书记载，丹朱封于丹水丹壤。关于丹水和丹壤，在中国现在的地图上存在三处有争议的表述。第一个就是临近尧都的高平的丹朱岭和丹河，丹朱岭在高平和长子县之间，长子县因为丹朱是长子而得名。这两个县中间的就是丹朱岭，丹朱岭的叫法不是为了迎合谁，2000多年前已经有文字记载的时候，它就叫丹朱岭。丹河也是，那个时候就叫丹河，是因为曾经有一个说法是长平之战血流成河。实际上这是一种形象的说法。丹河的说法比这个要早得多。第二个是丹江口，就是河南南阳、陕西商洛和湖北北部这一带的地方，叫做丹江流域。这个是尧舜禹伐三苗所在的地方，说把尧的儿子封在了丹江。2019年十一到商洛考察，也找到了埋葬商君和他的8个弟弟，就是舜的9个儿子的地方，这也是一个有争议的地方。

第三个是山东，就更远一些，是青州的昌乐，也有丹河和丹山。当地也有规模较大的丹朱墓。这些现象说明了什么呢？第一，当时尧和丹朱，包括舜和商君，他们活动的范围很大。第二，他们之间有没有一个在发展过程中的接替关系？是有的，比如说尧都在临汾，长子丹朱封在现在的长子县和高平这一带以及之后尧舜禹征南蛮，就是到丹江，这些过程都是可以联系的。所以这之间是有一定的接替关系，这个都可以研究，并不是说以某一个否定另一个，所以我们应该把这个看作是一个可以研究的课题，尧都的定位使所有这些问题有了核心的依据。

其次，箕子棋迹与商周围棋远播。大家都知道在临川有一个棋子山，棋子山的核心记录是县志中记载箕子在山中避难，山的名字叫做谋棋山，也叫棋子山，还有棋子洞，还有黑白两色棋子，就是小石头做的棋子。山西省的体育博物馆中也收集了当地采来的这些石子。这一些旧址当地的文化记载是非常生动的，也是可以作为研究的重要依据的。现在需要重视的是箕子是商末的重臣，是商纣王的叔父，他为了避战乱，不仅在山中隐居，而且还带着5000族人跑到了朝鲜半岛。那个时候的朝鲜半岛并无朝鲜国家，以后过了11年，看到周武王的治理还不错，他就跑回来了，和周武王探讨治国理政的大忌，据此写了《洪范》。周武王也就封箕子于朝鲜，实际上那个时候是周王朝的一个诸侯国。所以从这些方面看来，对有可能发生的箕子把围棋传播到朝鲜半岛，要有一个新的估量，这方面需要继续研究。因为当年唐玄宗在派杨继英等人出使朝鲜的时候说过一句话，说朝鲜有类中华，所以有类中华的渊源很多，其中箕子是不是最初的传播者还有待研究。另外和山西有关的非常奇特也很有意思的一件事，就是在《史记·信陵君列传》中记载的在魏国发生的一件事儿。就是这个公子信陵君与魏安釐王是兄弟，他们两个人在一起下围棋。"北境传举烽火"，就是举了烽火，说明有敌人来侵。有人说"赵寇至，且入界"，就是说赵国的军队来了，已经到了我们国土内了，所以魏王就把他的棋放下，要招大臣来商量。这时候信陵君就制止他说，这是赵王弄田猎，不是来当侵略者的，然后继续下棋如故。魏王心里害怕，就不想着下棋的事了。可是过了一会儿又从北方传来消息，说赵王是打猎，不是来当侵略者的。魏王大惊，就问："你怎么知道的？"然后信陵君说"臣之客有能深得赵王因侍者"，就是能探听到赵王的真实阴谋，"客辄以报臣"，立刻就告诉我了，所以臣以此知之。结果魏王由此害怕了信陵君的才能，以后不敢再把国政交给他处理，怕他本事太大了。这件事儿司马迁记载的叫博，按字面理解是六博。可是我们分析一下博在这里边出现的情况，博是什么？博是掷筛行棋，实际上不是下棋，博是一种赌博，是和占卜相似的。是扔筛子，筛子扔得好，这个棋就有优势，不需要动脑子的。可是我们看整个过程，他是在搞赌博吗？不是！魏王是实实在在在那动脑子下棋，信陵君也是下棋。所以这个地方实际上司马迁记载的史弈就是围棋。但是在实际中通篇没有出现弈，凡是和弈有关的全是博，所以我们可以揣测司马迁老先生不会下围棋，所以他在这儿用的是博这个概念，可是它记载的事儿却是弈的事，这个我们仔细品味就可以了。

"自关而东"是中国古代对围棋活动范围的最早记载，关指函谷关。西汉扬雄写的《方言》说"齐鲁之间皆谓之弈"是什么意思？就是从函谷关向东一直到齐鲁之间都管围棋叫弈。这就是第一次把围棋的范围指出来。所以我们看"自函谷关向东"首列的是山西。还有一个和太原有直接关系的就是汉宣帝。汉宣帝做太子的时候，经常与他的一个叫陈遂的重臣下围棋，欠下了赌债，要拿什么来还呢？后来汉宣帝从太子当上了皇帝，就提出来要封陈遂当太原太守。他说太原这个地方很富饶，做太守收入是不是就足以还当年欠的围棋赌债。但是陈遂这个人还是很有志气的，他婉拒了，婉拒之后自己凭本事当上了比太原太守还大的官，这就是中国历史上第一次以围棋封官。这是第一次，是封在太原。

围棋中也有英雄情结，就是关羽的壮举。关羽是运城人，最初记载在《三国志·关羽传》中，记的是这8个字"炙肉喝酒，言笑自若"，就是烤着肉喝着酒，言谈自若来治疗。在《三国演义》中增加了三个元素：第一个说明刮骨的医生是华佗，一下子把知名度给提高了，说给关羽刮毒的不是一般的医生，是华佗；第二个，不光是吃肉喝酒和言谈，而且还下着围棋；第三个，加了一句最后的结论，华佗称赞将军"真天神也"，就是简直不是人了，是天神了。这些是《三国演义》中新增加的内容，这个故事远播中国，而且传到了日本，现在日本的《浮世绘·刮骨疗毒》画得非常好。

"坐隐手谈"是围棋的别称，是最著名的别称，这个别称是王坦之发明的。王坦之也是太原人，在东晋当了中书令中郎将，还当过徐州和兖州的刺史。《世说新语·巧艺》中说："王中郎（坦之），以围棋是坐隐。"就叫围棋是坐隐。"支公（盾）以围棋为手谈"，结果有人注引说了，是王坦之说的围棋为手谈，这不管谁说的，是"手谈"还是"坐隐"，这个别称一定和王坦之有关。所以围棋的别称是最有名的，现在全世界都知道，是太原人发明的。而且后边还专门讲说由于围棋是"手谈"，所以就出现一个情况，因为不用说话，因此王坦之在守孝的时候也照下棋不误，这就证明是他提出来的。李氏集团，就是唐朝开国的前两任皇帝，都曾经在太原通过下围棋密谋反隋和聚集天下名士。当时的李渊是留守，是隋炀帝让他留守太原，他和裴寂在晋阳宫按照史书的记载叫"通宵达旦"下围棋，实际上是密谋。李世民当时还不是太子，是聚集了很多力量，包括会下围棋的名人为反隋兴唐做了准备。以后李世民还写了非常著名的围棋诗。"制兵期制盛，裂地不要勋。半死围中断，全生节外分。雁行非假翼，陈气本无云。玩此孙吴弈，怡神静俗氛"，看写得多漂亮。把围棋玩到这个层次才是高手。后来他又和李靖，也是一个著名的军事家，用围棋来谈练兵备战。其中他讲的一个是"布陈如弈""教士犹布棋于盘"。他讲了一个特别重要的观点，今天看来完全被验证了，他说的是"胜败由一误"，就是一个失误会导致胜败。唐太宗就问："朕观千章万句。不出乎'多方以误之'一句而已。"不管你想多少办法都要让对方失误，然后李靖，就是李卫公，良久曰："诚如圣语，大凡用兵，若敌人不误，则我师安能克哉？譬如弈棋两敌均焉，一着或失，静默能救，是古今胜败，率由一误而已，况多失者乎？"两边相等，一个失误就够了，更不用说多次失误了。那么前两天柯洁和安国铉进行三星杯的决胜局，就是在一步棋上，安国铉意志动摇，走出了误招，导致全盘皆败。据事后的研究，至少两个人还可以斗20步以上。究竟鹿死谁手还很难说。但是由此一误全盘皆输。所以"胜败由一误"这个话讲得非常准确。

唐朝时的山西大诗人中有很多都写了围棋诗篇，其中最有名的我举几个例子，一个是唐初的大诗人叫王绩，他是王勃的叔祖，他写了《围棋长篇》，也有的叫"围棋大篇"，170个字，其中就讲到了他的围棋价值观，他说："诽俗韦弘嗣，邀名葛稚川分阴虽可重，小道岂可捐？相公摧屐日，樵客烂柯年。唐尧犹不弃，孔父尚称贤。"我简单地说一下，"诽俗韦弘嗣"是当年的东吴太子孙和召集了8个大臣，其中最有名的叫韦昭，写了一个《博弈论》，专门攻击围棋，说围棋有原罪，所以《博弈论》就成为攻击围棋的代表作，所以王绩就专门把他点了名，而且把他摆在一个错误的位置上。"邀名葛稚川"，实际上说的是葛洪，葛洪是一个道教的大家。葛洪记载了围棋的很多事儿，但是也说了反对围棋的话，王绩就认为他是邀名。大家知道邀名可不是个好词，是作秀的意思。前面的韦曜就对孙和作秀，后边是葛洪葛稚川也是作秀。"分阴虽可重，小道讵宜捐"就是说时间固然重要，你说下围棋耽误时间，但是围棋是含着道理在里边，虽然是小道，但是它是道理，是不可忽视的，所以讵宜捐是这个意思。"相公摧屐日，樵客烂柯年"是什么意思？相公指的东晋谢安，在前秦苻坚率领10倍于他的部队来进攻东晋的时候发生了淝水之战，而谢安非常沉着冷静，包括最后定好计谋，取得胜利的时候，前线的报捷书到了，他仍然不动声色地在和客人下棋。客人都沉不住气了，劝他赶快打开捷报看一看是怎么回事，究竟打得怎么样了。谢安不说话，一直到把棋下完，才说了一句"小儿辈大破贼"，就这么平平淡淡的一句，大将风度跃然纸上，客人一听就放心了、走了，都非常佩服谢安的这种气度。等到客人一走，谢安就不装了，激动得手舞足蹈，在屋里的门槛上把他穿的拖鞋的跟都给绊掉了，所以叫"相公摧屐日"，围棋可以使人有如此的气度。"樵客烂柯年"，大家都知道有很多的烂柯的记载，不光是浙江的衢州，而且在我们的高平也有这个记载。"唐尧犹不弃"，这说的是尧帝了，绝不小看围棋。"孔父尚称贤"，孔老夫子还说"为之犹闲乎"，所以讲到这么一大段话，得出的结论是谁也不能小看围棋。所以王绩当时有这样的围棋价值观是很可贵的。还有一个山西的芮城人叫吕岩，他写的《悟棋歌》可以说是史上最精彩的围棋长篇，我们简单选几句来看，写得多么漂亮！"因观黑白愕然悟，顿晓三百六十路。馀有一路居恍惚，正是金液还丹数。"这讲的是围棋的周天之数！"一子行，一子当，无为隐在战征乡，龙潜双关虎口争，黑白相击进红光。""水火劫，南北战，对面施工人不见。秘密洞玄空造化，谁知局前生死变。人弃处，我须攻，始见阴阳返复中。综喜得到无争地，我与凡夫幸不同。""分明认取长生路，莫将南北配西东"。这个写得如此清楚明白，既通俗又深刻，堪称中国古代围棋诗篇的最佳者之一。所以对吕岩的《悟棋歌》，我们学围棋的人是可以学、可以记、可以教的。其他的像王维（运城人）、卢纶（永济人）、温庭筠（祁县人）、司空图（永济人）等等，他们写的诗载入《全唐诗》的比比皆是。其中温一个人就写了16首围棋诗，这些都是最著名的人诗人留下的围棋诗作，还有一个《金谷园九局图》，写的是唐代最著名的大旗手王积薪到太原来与当时的国手冯汪在太原尉陈九言的府中有一个叫金谷园的地方下了九番棋，最后王积薪以5：4获胜，这是世界上最早的围棋番棋的记载。

此外还有五台佛缘与围棋传道。这就要讲到五台山了。五台山有一个著名的寺叫罗睺寺，现在罗睺寺最引人注意的一个地方立了个石碑，纪念女子围甲。可是这里边其实藏着一个有关围棋的大故事，这就是罗睺罗的故事。罗睺寺是为了纪念罗睺罗，罗睺罗是佛祖释迦牟尼出家前娶妻生的儿子，也是释迦牟尼的十大弟子之一。《佛本行集经》记载，释迦牟尼没出家之前，叫悉达多，被称为悉达多王子。他到周围的一个小邦国去找人家的国王，请求娶国王的女儿。国王提了一个条件，就是在各方面的比赛中必须要证明他比当地的青年优秀，其中第一个比赛就是围棋，结果所有的项目中悉达多王子无处不胜，他就把人家姑娘给娶走了，这就是释迦牟尼出家之前的妻子，妻子生的儿子就是罗睺罗。这件事不仅是《佛本行集经》中记载了，而且在敦煌壁画《悉达多王子》中也有专门表现。《悉达多王子》的复原画效果很好，现在收在了《异画》这本书中，由山西人民出版社出版。全国的出版社多了去，它偏偏在山西出版，所以它们内在的联系，只能用两个字来解释：缘分。什么缘分？奇缘。所以这也是我们山西的文化优势。刚才我讲的这些都是真实发生过的事。

到了近现代，毛泽东同志提出的著名的围棋战略思想，最初在哪实践的？就在我们山西。这件事的起源是1937年的8月份召开的洛川会议，那是在陕西。毛泽东同志第一次提出了："要像下围棋一样做眼，建立抗日根据地，发展抗日游击战争。"这个事儿由当年的傅钟上将和罗瑞卿大将亲历写下了回忆录，以后我们又进一步找到了洛川会议结束后三个月左右，在山西的八路军根据地所展开的关于围棋战略的讨论。鉴于《刘伯承元帅》这本书是由军委批准出版的，当时朱德总司令、彭德怀副总司令、罗荣桓主任和左权参谋长率领八路军总部的人员到山西顺县129师的师部和刘伯承师长、张浩政委讨论129师的战略行动方向。朱德总司令上来的第一句话就是："毛主席在洛川会议上提出了围棋战略，内涵是什么？129师如何贯彻？"刘伯承元帅说："我们贯彻毛主席围棋战略，首先要把各个根据地，把军分区建立起来。有了根据地，我们就开展游击战争，尔后还要向平原发展。"这一段讨论我们事后看到的时候，都觉得大吃一惊，在那样的战争年代，我们的高级将领对贯彻毛泽东同志的围棋战略讨论得这么生动、这么热烈，真是发人深思，以后毛泽东同志的思想写入了《抗日游击战争的战略问题》和《论持久战》。原话大意是敌之对我、我之对敌的进攻好比吃子；敌之据点、我之根据地好比做眼。在做眼这个问题上，表现了建立敌后抗日根据地的极大的战略必要性。在《论持久战》中又加了一句话，如果把世界性的围棋算上，还有第三种包围就是和平阵线对于侵略阵线的包围。我们看西方就把毛泽东的这一些论述统称为"毛泽东围棋战略"，而且在毛泽东同志的思想中出现了迄今最大的围棋概念——世界性围棋。它们的实践最初都发生在山西的太行山、太岳、吕梁、五台。毛泽东同志在讲到建立根据地时特别说"五台山古有鲁智深，今有聂荣臻"，所以用围棋战略来生动地表述我们的抗日游击战争战略问题、战略思想，留下了千古佳话。以上这些，还有未加列举的种种，都是具有山西特色的围棋文化的表现，它们属于山西，属于中国，更属于世界，这是我们的宝贵的精神财富，其中有的已经得到初步的整理运用，但总体看还缺乏系统的收集、整理、展示，迫切需要作为一项重要的文化传承工程进行全面的规划和推进。这次我和山西省体育局的主要领导赵晓春局长，还有几位副局长与临汾、晋城有关市、县、区的领导及围棋组织的同志们都达成了共识，就是要按照习近平总书记说的，要把这些精神标识、文化精髓提炼出来、展示出来，已经提炼的还要进一步深化，没有展示的一定要考虑把它们展示出来。这些固定的成果应当走向全国、走向世界。这是以我们的实际行动发挥山西的传承优势，为围棋的发展做贡献、为落实习近平主席的指示做贡献。

最后，简单说一说为什么山西围棋改革的实践体现了国家围棋改革的实质要求。我们可以从五个方面来看。首先，围棋协会的实体化改革实现了与体育主管部门的有机融合和衔接。根据党中央国务院的部署、体育总局的指示与要求，现在各级围棋协会从中国围棋协会开始，正在进行实体化改革。而在这方面，山西围棋协会的改革做得很好，他们与山西体育的主管部门形成了非常和谐顺畅的指导工作关系。在山西体育局的指导下，山西围棋协会的发展很积极、很健康，已经走上了实体化道路。体育局的赵局长今天上午跟我说，他们的想法是要把山西围棋的社会职能——围棋协会、行政职能——棋牌中心、教育职能——学校统一起来，将来要在新的山西省体育学院内统一建立这三者的平台，可以说是给全国各省、市、区围棋协会实体化改革做了一个好的榜样。第二，围棋组织建设率先实现了全部的地级协会、部分地区的县级协会全覆盖，而且选出了全国性的先进典型。山西11个地级市全部建立了围棋组织，有完善的围棋协会，而且在很多地级市的县级单位中也普遍建立了县级的围棋协会，现在全国的县级围棋协会总比例只有20%，而我们这次调研先到晋城，6个区县全部建立了县级的围棋协会，又到了临汾17个县市，已经基本上建立完毕，15个已经全部建成，两个正在办理中。也就是17个区县已经实现了围棋协会的全覆盖，做得很扎实。另外我们的晋城市是最新的全国围棋之乡之一，全国将近4000个县级单位，目前是35个地市级地县级的政府授予"围棋之乡"荣誉称号。晋城的围棋协会已经初步定为全国先进典型围棋组织，而临汾正在抓紧申办最新一期的全国围棋之乡。临汾有它自己的优势，有扎实的基础和丰富的经验，特别是有深厚的围棋文化积淀、它们的"尧王杯"已经举办了12年。第三，围棋竞赛形成了有本省特点的赛事体系，基本实现了地级市特色赛事全覆盖。除了省里有自己固定的以地方为主的围棋比赛，而且各主要地市都有自己的品牌赛事，而且都坚持了10年以上，这是非常难能可贵的。赛事体系的地方化完全是为我们地方围棋发展服务，为广大爱好者服务，让围棋成为人民新时代幸福美好生活的组成部分。第四，我们有尧都文化、有丹朱文化、有箕子文化，这些都有丰富的围棋元素和内涵。可以说不光对于我们山西省，对于全中国、对于世界围棋发展都具有非常重要的意义，把它进一步提炼出来、展示出来将是功德无量的事情。我们还有自己的文化骨干力量，像山西人民出版社，是目前全国围棋图书出版的最重要的力量之一。他们出版的作品可以覆盖全国，覆盖围棋文化的方方面面。可以说在这个方面，出版社是做牺牲做奉献的，不图挣钱，只为推进围棋文化的发展，做了很多好事善事，这是一个很值得重视的文化建设的骨干力量。第五，围棋普及做到了底盘放低、重心下降，不光在学校，而且在幼儿园，不光在学习的孩子中，而且在教师中，他们都把重心放在基层。最近协会又提出来："明年要把重点放在扩大围棋人口，扎扎实实地提高围棋人口的数量质量上。"所以他们创造的像在幼师的毕业生中培养围棋教师这个经验已经引起了全国很多地方的人的兴趣和关注。重视和支持围棋师资的培训，是我们山西非常重要的优势，进一步的发展就是要这样做。

今天这个报告围绕从国家视角看山西围棋，给大家讲了以上一些方面的情况与感受，主要是汇报一下我们这一次到山西进行主题调研的收获，同时对山西围棋的发展实际上也是一次再促进，你们做得已经很好了，你们很多的经验值得在全国推广和各个地方学习，同时我们还要有更高的目标，比方说，我们要把围棋作为精神标识、文化精髓，不光提炼出来，还要展示出来，我们要创造更多的全国围棋之乡，要建设围棋文化小镇，要更好地进行围棋的普及推广，还要承办全国性的围棋活动和围棋赛事，包括围棋的会议，这些方面有大量工作要做。同时我们现在正在筹备二青会，体育建设的任务很重、形势很好，通过今天这个机会，我们也再一次对在山西省委省政府、山西省体育局领导指导下的山西体育事业取得的成绩表示敬意，向围棋协会所组织领导的围棋事业取得的成绩表示敬意，对全省的体育工作者、文化工作者、围棋工作者所做的贡献表示敬意，祝你们取得新的成功，创造新的辉煌！

时代驱动下的健身休闲产业政策与大众消费文化趋势

李相如

非常感谢侯处长,也感谢山西体育局开了这么一个讲堂,我看进入新时代之后,中国人开讲堂慢慢地进入到一个古老状态。

我今天要讲的题目,我还在想。首先,关于新时代,我今天从五个方面来讲。其实最近一段时间,尤其是党的十九大以来,"新时代"这个词不断出现。什么是新时代呢?我是个体育人,从体育人的角度来看,我把新时代归纳为四句话:

第一句话,这是一个观念时代。什么是观念?一个新的时代之下,必须要有相应的观念来适应。时代推着人走,不是人推着时代走,很多东西今天有明天就找不着了,为什么?它没有跟上时代的潮流。我举个最简单的例子,你看我们手上都有手机,2007年的时候,我们手上拿的手机,绝大多数是当时的四大品牌,爱立信、摩托罗拉、三星、诺基亚等。这四大手机过了七八年的时间很多已经没有了。当时这四大手机占整个市场额约92%。2007年,iPhone刚刚出世,市场的占有率是零,过了不到十年八年的时间,原来的四大品牌没了。后来很多人就在研究为什么没了。这些手机服务商服务的质量非常好,手机的质量非常好,摔到地上都摔不坏,售后服务没问题。整个的运营平台也没有问题。那为什么没有了?因为它没有跟上时代发展的步伐。2G到3G,3G到4G,现在4G到5G,什么时候6G?我们自己知不知道2G,3G,4G有什么区别? 2G打电话。3G是把我们电视、把计算机座机的功能装上来了，4G是大幅度地把我们生活中间的东西用到手机里，我们今天的手机已经不是原来的手机了，手机可以干什么？干什么都行，点餐也可以，买家具也行，买煤也行，交电费也行。这就是一种观念。5G手机也来了，人家说今天4G搞了一天的事，5G手机几秒钟就可以搞定，整个的流量速度非常快。中国人啊要有底气，中国人现在有两件东西是走在世界最前面的，第一是5G，第二是互联网。五流国家卖土地，四流国家卖产品，三流国家卖技术，二流国家卖专利，一流国家卖标准。我们中国人是从卖苦力开始的，苦力卖完了卖产品，产品卖完，现在可以卖技术了。中国现在是专利大国，但是我们专利的质量、强度还不够。我们现在处于往二流、一流方向发展的阶段，我们现在只掌握了一个标准，从技术上来讲，物联网。而物联网是什么观点呢？物联网就是在未来，也有人说，可能要不了几年互联网就没了，要用物联网来取代。物联网就是任何物件就是一个平台，人也是一个平台，它会改变我们的思维。当然我们现在中国还在做其他事。什么样的观念决定什么样的发展。

第二句话是智能时代。智能时代我们都清楚，有人说我们今天所做的所有工作，在未来，机器人都可以取代。我们都知道现在最赚钱的工作，第一个，做金融的，很赚钱，以后机器人可以玩。第二个，会计、财会、计算师，很赚钱的，国外留学回来以后，这一年的工资都上百万了。计算师更容易被计算机取代。还有很多劳动技能，机器人全部都能取代。我说机器人取代的最后一片天地，就是我们体育的所有工作。机器人要来替代我的健康，要来替代我们的健身运动，需要漫长的时间，除非我们把我们的心脏都搞成部件。所以智能时代来临的时候，我们人怎么办？为什么我们现在要搞创新？不创新就落后。我原来看到北京有个女作家写了一本书，那些年来看还是一个科幻小说，《北京折叠》。中间有几句话，就说我们今天很多的一些工作，在10年或者15年之后，机器人都能做，搞卫生不能做吗？家务劳动不能做吗？我们今天最难的护理病人，机器人也能做，养老，机器人也能做，所有的机器人都能做，这就是未来，是智能时代给我们带来的挑战。

第三句话是休闲时代。什么是休闲时代？每个人的美好幸福生活是需要时间的，没有休闲的时间，一直在工作，怎样去享受美好的时间？所以说今天的新时代一定要给我们中国人要释放更多的休闲时光。现在做得还不够，尤其是在座的各位，我们休闲的时间不仅没有加长，反而在缩短。2018年毕业的我的两个研究生，我让他们专门做了一个关于北京市中央机关公务员的休闲时间和休闲空间的研究，一人研究一个。研究的结论表明，中央机关公务员的休闲时间与前几年相比，缩短了。每天大概缩短了将近半个小时。半个小时很厉害。这跟我们国家的政策是不相符合的。怎么样把人民群众的休闲时间释放出来？休闲时间放出来了，我们才能消费，体育要搞消费，文化要搞消费，旅游要搞消费，什么都要搞消费。但是光在手机上搞消费是不够的，我们需要体验性的消费，这叫释放空间。拿我们中国人的实践说话，20世纪90年代，我们是从6天工作日到5天半，从5天半到5天工作日，用了很短的时间，中国那个时候步伐还是比较大的。但是这5天工作日之后，这些年来我们的休闲时间的释放不多，我们加班太多。我们说休闲时代要释放休闲的时间。没有时间，哪有美感、哪有幸福感、哪有快乐。

第四句话，这也是一个体育的时代。严格来讲，我们体育人感到非常欣慰的是，这个时代给我们每个体育人发挥聪明才智、发挥技能和技术提供了广阔的空间。因为这个时代的体育已经超出了我们历史上所有的对体育的认识。今天的体育不仅是国家的战略，它对一个人的成长、对一个人的生活态度、对一个人的健康维护都是非常重要的。我们不要把体育简单看成是一个体育。

观念时代、智能时代、休闲时代和体育时代表达了我对这个时代的认识和看法。所以说各位在座的朋友们，当进入了一个新时代，我们能不能跟上形势，我们用什么样的心态、什么样的智能、什么样的胸怀去迎接这个新时代很重要。习近平总书记也借古人的话说了两句：

时代是思想之母，实践是理论之源。这两句话也非常重要，不是说由什么思想来推动时代，是时代需要有新的思想、需要新的创造，这才是我们所应该探讨的问题。

其次，政策驱动。应该来讲，从2010年以来，国家的政策一个接一个，每一个都跟老百姓密切相关。比如2013年，国务院办公厅颁布了《国民旅游休闲纲要（2013—2020年）》，到现在为止，5年多了，中国的旅游业大发展。再比如2014年10月的体育产业46号文件把全民健身上升为国家战略。我们的体育产业总规模到2025年要达到5万亿元，目标很大，很不容易。然后，2015年进一步加强旅游投资消费。

2016年的《国务院办公厅关于进一步扩大旅游文化体育健康养老教育培训等领域消费的意见》《"健康中国2030"规划纲要》跟我们体育都有非常密切的关系。时间关系我就不解读了。我们以前没把体育看得那么厉害，其实在国外很多的大机构、大旅游地，都有大量的体育项目，攀岩、登山、穿越、漂流，太多了。2017年《国家体育总局关于推动运动休闲特色小镇健康发展的通知》发布，山西好像报得不多。其实我们山西有技术，文化的根基非常好，我们有很多东西可以做。2017年，《国民营养计划（2017—2030年）》发布，这我就不细讲了。2018年9月《进一步促进体育消费的行动计划（2019—2020年）》，12月又有《关于加快发展体育竞赛表演产业的指导意见》，其中专门有一段话就是要通过体育竞赛表演，拉动体育的消费。所以政策的驱动对整个国家的发展是一种指引的作用。

再次，健身休闲文化和体育产业。我们说，21世纪是人类社会走向更加文明的新的世纪。当我们站在这个世纪的前头来放眼人类生活方式的变化，有三个转变，第一个就是由对生命存在的关注和敬畏向对生命价值的真实和品质的重视方向转变。说得俗一点，以前我们人活着就行，有一口气儿就行，但今天我们不仅要活着，而且要幸福而健康地活着。第二个，人们开始从消极的居家休闲向积极的休闲体育娱乐方向转变。赌博、吸毒等一些不健康的生活方式慢慢地向体育、户外运动这些方向转变。经常参加户外运动的人，每个人都充满激情，每个人都充满了一种幸福感。第三个，人们开始从注重心灵惬意和轻快的休闲方式向注重身心一体，充满着运动和刺激元素的休闲方式转变。现在为什么都认为户外运动好，因为户外运动刺激，刺激对人的健康非常有好处。

体育当然也是人类休闲活动的方式之一，也是人们普遍接受的一种生活方式。它当然可以产生大量的体育产业，休闲也是一种文化。亚里士多德说，休闲是人的最高的境界。一个人只有在休闲的过程中间才能真正体会到人生的价值和做人的乐趣，这很重要。当然，体育每年也会带来巨大的消费能力：第一个叫参与性的体育消费，第二个是体育相关的经营活动，第三个是体育组织的商业活动。体育一定要参与，我们中国人目前参与感最好的运动，第一是广场舞运动，第二是太极拳和气功，第三是路跑和走步。也不要小看广场舞，现在很多地方的广场舞跳得很有水平。我不知道在座各位有没有关注到，这几年跳广场舞的大妈们的服装也开始变化了。几年前大妈跳舞是做饭穿什么衣服，跳舞穿什么衣服。这几年还好，有点运动鞋了，再穿个运动服。我们希望再过两年，明年，要穿专门的广场舞服装来跳舞。我们马拉松路跑，很多人说一跑把腿给跑坏了，为什么跑坏了？你用篮球鞋跑马拉松，当然不行。这都是文化。再比如，棒球有棒球的规划，什么是棒球规划？所有在打棒球的运动员和青少年打完棒球以后脱帽，向棒球致敬，向棒球棍致敬，向棒球场地致敬，感谢它们使我们打了一场好的棒球，向教练员致敬，向队友致敬，向观众致敬。这就是项目规划。一个运动员懂得感恩，才能走得远。所以说，我们讲项目文化的时候，只注意到了项目的进度，没有考虑到它对人的一种尊重。所以这些东西是我们参与过程中要做到的。

又次，健身休闲与大众体育消费文化。改革开放以后，我们中国人经历了三次消费革命，今天第四次消费革命也已经来临。前三次消费革命我们在座的都很熟悉。20世纪80年代，中国人主要消费什么？

是满足生理欲望的一种消费。什么生理欲望？肚子吃饱了，身上穿暖了，脚上有鞋穿了，这叫生理欲望。也就是说能把吃饱穿暖这些基本问题解决了，是当时消费最重要的事情。今天的说法就是恩格尔系数占了绝大部分。从1993年到2005年，是人们开始满足物质欲望的时期，电冰箱、电视机、洗衣机、空调等进入家庭，人们的钱大部分全跑那儿去了。2006年以来，中国居民进入了实现自我欲望的时期，这个时候开始大家就不一样了，比如北京人买车、上海人买房。现在我认为我们第四次消费革命正在来临。它的特征是以健康和精神愉悦为中心。从2017年末到2018年，中国人的消费开始以自我健康为中心，这是一场新的革命，它讲求让人精神愉悦。体育是使人高兴的，打球打输了有输的高兴，打赢有赢的高兴。所以说一个叫快乐、一个叫苦乐。苦乐也很好，其实体育更多的是苦乐，先苦后甜。我们跑步，跑一跑不舒服了，但你坚持下来就舒服了。

我们每个人也在这种规模宏大的消费革命过程中感受着消费带来的变化。比如我们的消费方式发生了三种颠覆性的变化，我们原来都是要通过营业员来买东西，营业员服务态度不好，总是爱理不理，20世纪80年代中后期开始，中国迎来了超市，人跟商品之间可以亲密接触了，可以把它拿在手里看半天，然后放下不买了，消费者可以挑来挑去，挑完了再走，这就是超市模式，这是中国消费方式的第一次革命，新颖的自选购物的方式吸引了一批忠实的顾客。后来，小超市变成大超市、超大超市，有些人甚至可以在超市里待上一天，那超市不光是卖东西，还有玩的东西，大人小孩都能玩。第二个消费方式的变化是网络销售消费。现在"80后""90后"买东西可能70%以上都是通过手机通过网络买。这是第二次变化。第三次消费的变化，叫"无印良品"。无印良品就是说我质量很好，什么东西都很好，但是就不是什么品牌。所以说现代人也在慢慢地认识到质量好、服务好、东西好才最重要。

消费一般来讲会有三种消费：一般性消费，就是我们日常的消费，衣食住行、吃喝玩乐这一块。第二种消费，消极性消费，什么是消极消费？不愿意消费，没有办法，必须消费。比如说吃药，比如说住院，比如说还有一些家庭有病人，要请阿姨，这都是消极消费。这种消费占到现在中国消费的绝大部分。有人说2017年、2018年的数据还没有出来。2017年中国的消极消费大概是7万亿元人民币，有人说不止，可能会接近10万亿元，太多了。而积极性消费，我们叫主动性消费，是什么？它包括健身、户外运动、旅游，包括文化活动，比如看电影、看文艺演出、看京戏。其实人的生活中间应该充满着喜悦。人家真是把你的喜悦感和幸福感就吊起来了。但是参与这种积极性消费的中国人每一年不到1万，如果中国人的积极性消费能取代消极性消费，中国人健康和幸福的指数就会更高。所以我们现在要有新的幸福生活的理念。大概是从20世纪80年代开始，体育消费进入T恤衫时代。1998年前后，进入球拍和健身房时代。就从这个时候开始，人们自己掏钱买球拍了，有的买乒乓球拍，有的买羽毛球拍，还有些人买网球球拍。1998年春晚上有一个叫马华的人跳了一个健身舞，然后轰动全国。2008年之后，我们中国进入到户外运动和运动探险时代。

然后，我再简单地我给大家讲一下户外运动的发展趋势。为什么现在我们大家都喜欢去做户外运动？它有它的高性能。第一，从社会功能上来讲，我们可以借此推开工作，走向自由；第二，远离闹市，回归自然；第三，亲密文化，真实体验；第四，我们在户外运动之后，都能产生一种非常好的人生体会，把它作为一种宝贵的财富放在心里边。户外运动的心理功能也有四个，第一个叫挑战自我，丰富人生。我们到室外去，我们到大自然中间去，它能让我们做平时不敢做的事情。第二，团队合作，有益健康。第三个，精神愉悦，身体刺激。第四，自愿消费，真消费。所以说，体育不光是玩，而是要在这些过程中间体验文化的魅力和价值。户外运动的发展过程有这么几个趋势，第一个就是进入到快速发展期，即行业的规模提升。第二个，国家的政策支持力度不断加大，经营的模式也不断创新，特色更加突出。第三个，户外品牌大浪淘沙，户外用品的消费迅速增加，制造商也有很多。第四个，体育和旅游、体育和健康的融合是未来体育运动发展的一种大趋势。

最后我再简单讲一点我们运动项目的文化来结束我们今天的演讲。改革开放40年来，我们引进了大量的运动项目，我们引进规则，引进玩法和整个比赛过程，服装、器材都引进来，但是我们恰恰没有把项目相关的文化给引进来。我举一个最极端的例子，比如说斯诺克，台球是英国人发明的，是一种中型运动，或者说台球就是个贵族运动，台球文化中最主要体现的是一种贵族的气质。我曾经在《参考消息》上看到一篇文章，说在英国有三个乞丐，约好要去看一场斯诺克比赛，约好一个月后去看。为什么要一个月呢？他们要在这一个月中间淘到一套西服、一个领结、一双皮鞋、一条皮带，穿戴好了之后才能去看。也就是说在英国，乞丐都知道看斯诺克的比赛要正装出席，这就是一种文化。斯诺克到了中国变成什么样？台子还是那个台子，玩法还是那个玩法，但是文化没有。我们可以把台子抬到街头巷尾，我们可以光着膀子，我们可以穿着拖鞋，我们还可以叼着烟卷儿，我们还可以骂个粗话，是不是这样？网球也是贵族运动。有一年北京的中国网球公开赛进入到1/4决赛。那一天因为李娜第一次打进1/4赛，大家都去给她加油了。没想，打到最后很胶着，老百姓着急啊，给娜姐加油啊，李娜拿着球准备发球，球往上一举就看见"李娜加油，李娜加油"，这球就没法打了，就放下来，看了一眼观众席。观众不知道，以为声音太小娜姐不高兴了，然后就喊得更厉害了。李娜一下就火了，对着观众席就喊"shut up"。观众不答应了。我们给她加油，还骂我们？第二天所有的报纸都来了。我记得第三天还是第四天，当时新华社有个记者打电话，他问我能不能就这个事情谈点看法。我让他去看一下世界四大网球公开赛，各看五分钟，之后再给我打电话。过了半个小时，他打电话了，说："领导我知道你要说什么了。"我说："这四大网球公开赛，老百姓穿的什么？基本上都是正装，有的还打着领带，都是皮鞋。观众席上没有人喊，顶多鼓掌。所以我说这个问题怪不得观众。

我们在举办赛事的时候应该给大家交代这些文化礼仪。"之后第二年开始，各种赛事都印了很多手册，看文化，看礼仪，看规则，什么都有了。现在的你去看看，北京人不会再喊，有人一喊，怎么样？别人就说他，这就叫文化宣传。

体育，没有文化那就不叫体育。体育文化究竟怎么样来弘扬？以后有时间我再来专门讲一讲中国的传统体育文化以及我们怎样来弘扬中国的传统体育文化。

以国术，育国人

康戈武

各位领导，各位老师，各位学友，大家好。我今天给大家报告的题目或者是交流的题目是"以国术，育国人"。为了让大家更好地来理解文章当中所涉及的概念，我加一个副标题——推广中国武术，培育国民素质。"国术"这个称呼是在民国年间作为武术的曾用名出现的。当时国文、国医、国画、国技等等同属国学系列。这里的国是中国，因此，国术也可以说是中国武术的缩写。在我今天报告的内容当中，既会涉及作为武术曾用名的"国术"出现的时代背景，也会谈到突出武术国别的关键，叫"国术"主要就是为了突出它是中国的，它强调的就是武术是中国的文化产品，是在中国文化的土壤中萌生形成发展起来的。武术的动作特征和运动风格是中国文化在人体运动形态中的表现。最后再谈谈为什么要把"武术"一名回归为其原名武术，并概览一下国术的内容，概括一下国术的功能。俗话说，"一方水土养一方人"，在华夏大地上，中国文化孕育下结出累累硕果的武术运动，对于生活在同一块土地上、同一片文化氛围中的人们有着特殊的营养价值。

我们现在看一下，以国术命名武术的时代背景。在我们目前看到的文献中，早在两晋南北朝时已有了武术的用例，距今已经1500多年了，"国术"这个词是距今百年才出现的，它的出现，首先我们应该追溯到1900年前中国的社会情况。鸦片战争以后，西方的坚船利炮打进中国，同时把西方的一些文化产品也带过来，其中包括体育。西方的体育随着坚船利炮进来以后，当时的清政府尤其看到我们的军事不如人家，其主要原因是冷兵器无法抵御火器，于是就购买国外的枪炮，自己也生产枪炮，因此就去请德国的、英国的、法国的，还有日本的一些军事专家来给我们做教官。这些专家在军事教学过程当中，在当时创办的军事学堂当中，所教的就是西方的体育项目，把它跟枪炮一起作为训练士兵的方法。此后，这些体育项目从军事学校逐步进入新兴的学堂。由此，新兴的学堂里面也不再像以前中国的传统学堂教授武术的内容了，武术没有了自己生存的文化空间。所以，1905年，北京以及其他地方的一些有识之士开始呼吁，要求教育部把旧有的武术再拿到学校教育中来。当时的过程十分艰难，经过几番讨论最终才把武术加进去了，但是这个时候加进去的武术已经受到了西方体育的严重挤压。比如说举重在武术里边本来就是一个固有的项目，我们实战时所用的练习方式都是举重性质的，因为西方体育举重就被区离出来。

  再说射箭，射箭在武术里面是最主要的一个项目。从一开始有兵器，一开始跟野兽斗，一开始部落之间争斗，就已经开始使用弓箭。而且射箭在传统身体活动中最早成为中国教育的内容，最早成为一种比赛的方式，而且成为一种礼仪方式，在全社会推广。但是因为西方有射箭，中国的射箭也被排斥掉。武术被弄得就仅剩大家现在熟悉的拳种、器械，虽然偶尔也还有一些相关练习被一起传习下来，但是在西方体育的挤压之下，武术博大精深的内容被压缩成很小一点点。即使这样，它还是在不断的土洋之争的挤压下，一点一点地往下传习着。就在这么一种情况下，其他的一些中国传统文化也受到了同样的挤压，比如文字，当时甚至于都要把中国几千年的文字给废了，重新做一套拼音来作为中国的文字。比如医学，整个使用的是西方医学，所有的都是认为西方的是先进的，就因为当时我们在战场上的失利、列强火器的强大，使我们整个国家的国术、国家的传统、国家文化的精髓都受到了挤压。我们的一些学者和专家这个时候就起来挑头提出了"国学"的概念，把中国古代的历史、古代优秀的文化、古代的国粹合起来，一揽子称为"国学",要复兴"国学"。在提出"国学"的这个时期,同时把我们的文字叫作"国文",把我们的语言叫作"国语",把我们的音乐叫作"国乐",把我们的医学叫作"国医",把我们的绘画叫作"国画",慢慢地就实行开来。就是在这么一个情况下,张之江先生于1927年下半年发起要成立国术研究院。1928年3月15日得到了政府的批准,而且是由国民政府直接来领导,1928年6月国术研究院改名为中央国术馆。国术这个名称从这个时候开始流传开来、使用起来。那么国术指的是什么呢?在当时,批准成立中央图书馆、中央国术研究馆的文件是这么写的:吾国技击诸法。国术是什么?是技击诸法。技击,大家都比较熟悉,具体地讲就是实战中的计划。如果把它反过来讲,大家更好理解,就是击打的技术。这里说得很准确,国术是技击诸法,也就是说除了技击之外,还有其他的内容。在中央国术馆公布的组织大纲当中,第一条就是中央国术馆以提倡中国武术,增进全民健康为宗旨,这就说明了国术就是武术。它的核心就是技击,在技击之外,还有很多相关的练习方法。1963年出版的第一本武术统编教材里边,在写武术概念的时候,我国老一辈的武术家,老一辈的体育学者用到了"及相关练习法",这是很重要的。中华人民共和国成立以后,第一个统编教材也讲及相关练习法。这里面就隐匿着被西方体育挤压掉的这些内容。由此,国术主要就是突出这个"国"字,突出它是中国的。突出它的关键是什么?就是要强调武术的文化特色和运动特征,就是中国武术跟西方体育是不一样的。在中国的古代文献当中,没有"体育"这个词。"体育"这个词是1900年以后首先在日本文字里边出现的,西方也采用了这个概念。之前,我们没有"体育",我们只有"武术";但我们有"运动"这个词。

那么现在我们要来看武术运动的特色和运动的特征,因为它是相对于西方体育而言的,我们就从这个比较当中,来看看武术的文化特色和应用特色。首先,大家都知道西方体育的概念是更快、更高、更强。在竞赛当中,就是要比最快,在跳高当中就要比更高,举重当中要的是更强。这个概念跟武术运动的概念不一样。我们就用在我们山西土生土长的或者在山西得到了很大发展的三个拳术来做说明。在我们这里出现的六合拳，它的理念是什么？它是以六合，外三合和内三合，内外六合来作为它的观念，作为它的文化基础。形意拳是用五行理论作为理论基础，以五行拳作为技术基础，用的是相生相克，而五行是我们整个天地万物的基本元素。太极拳是从河北传到我们这里，但在我们这儿发展得很好，太极拳理根太极，故名太极拳，依靠的理论不是西方的更高、更快、更强，不是将与别人一比高下作为唯一的目的。"六合"讲究的是方方面面相互协调形成一个整体的概念。五行我刚才讲了，它是整个天地的基本因素，这些因素相生相克，最后又结为一体。太极是我们中国文化当中一个宇宙生成的概念，也是人生的一个概念。

如果这个文化我们用图解来表示的话，更快，是一个横的直线。更高是一个竖的直线，往上更高，更强就是快的要更快、高的要更高，最后形成一个十字形。这是西方哲学的一个特点，就是分析的特点，这个事情是什么样的，就从那个方向把它分析到底。而我们中国文化的特点不是这样的，刚才讲了它要形成一个整体，阴阳是要合在一起的，阴阳相合，不能分开。孤阳不生，独阴不长，必须阴阳相合才行。这样它形成的就是一个圆圈，用图来看，我们中国的武术文化跟西方体育文化是有区别的。

如果我们在运动形态上分析这些文化，就能够看到为什么西方体育的动作跟武术的动作会有那么多不同。我们先从运动形态上来看，西方体育动作强调的是更高更快更强，是往四方扩散的，体操运动就是一个很好的例证，体操跟武术都是肢体动作，都讲究要完全伸开，但体操的动作是往上直直的，往两边直直的、跟武术不一样。武术讲究的是圆的，大家熟悉的太极拳、形意拳都讲究圆。然后接下来讲具体动作，西方体育运动的动作以大关节的一个面上的运动为主，西方体育认为是大关节带动小关节，大肌肉群带动小肌肉群，所以这个手要起来，首先它是大臂的动作，大臂的肌肉多，大臂的力量大，把小臂拉起来，这与武术是不同的。武术讲究的是从梢起，这是第一个不一样。第二个不一样，武术不是在一个纵面上的运动，它讲究的是转旋，小关节的转旋，就像山西最流行的形意拳一样。我们以五行拳为例来看，劈拳是像一个推掌的向下的动作，但它不是直接下来，它是要转起来，一面转一面往前劈下去，是个转旋的动作。如果横拳就更清楚。所有的动作，包括我们一个直拳，类似于西方拳击当中的直拳的勾拳，它同样是转旋的，它不是直直出去的，它是转旋而出，到最后要有个转旋的转劲，发挥出它的极大的力量。老一辈的中国拳王曾经和我谈起他练过螳螂拳，他就讲到拳击跟螳螂拳一样，也强调的是转旋。拳击打的时候所不一样的，就是把这个转旋用上去了。如果按照一般的打法就得防守反击，但是用中国武术它可以不防守反击，它是直接在这个转旋当中通过自己的转产生一个向外搏的力量，把对方进攻的力量给化解了。当然，这里我们是讲拳具体的功法，如果说我们讲到健身，又不一样了。我这里要讲的西方这个并不是说它不好，大关节的应用，大关节摆动的锻炼也很重要。我要讲的是我们的转旋在健身上又出现了一个不同，因为我们经常出现的身体的问题是在一些关节转动上，因为平常都是大关节运动，小关节缺乏运动，这小关节就要有问题。那么我们练武术就不一样了，武术动作可以让你的小关节都得到转动。而小关节的转动可以让我们整个身体都拧起来，让你的整个身体在像拧绳一样的过程当中得到全身性的锻炼，而不仅仅是一个方面的锻炼。这里我举了个例子，我说三拳，刚才我讲了三拳，在我们这里，除了我们自己的心意六合拳和形意拳之外，还有杨振铎老师带过来的杨氏太极拳，另外还有查拳。我们这里的专业队、运动队练查拳的很多。大家看查拳，传统查拳的练法一样讲究转旋，一样讲究动作，要有弧形。

我给大家讲，传统查拳的这个冲拳从前不是像现在这么冲。查拳，传统练法讲的是什么？叫斜插一杆旗。拳头打出去，前沿是斜着的。它有很多的好处，我们这里不去仔细分析它，而在这个斜的当中，同样肘关节这里是不能伸直的。因为在以前认为肘关节伸直一下就折了。

当然，讲到这里附带要讲一讲由于受西方体育的影响，由于武术要有一些内容拿来进入奥运会，就要用奥林匹克的一些评分方法来规范我们。所以现在比如冲拳出去，实际上是打出去你就得回来，摆在那里等着擒吗？等人家抓紧吗？所以打出去是拳打三节不见形，是不能有形的，这些都是后来的演变。我刚才是从传统意义上来讲，所有的武术包括少林拳，统统强调的都是一样的文化理念有一样的形态，只是这些形态的特色，由于各自所依据的主要文化内涵不一样而有所差别，表现上也有所不同，接下来我们讲讲训练方法上，或者是训练的原则。

在这一方面，西方的体育在训练中强调的是极限训练，就是训练量今天必须超过昨天，而且要超过到相当大的量，再去超量恢复，只有疲劳的程度达到很大了，超量恢复才能提高到比疲劳程度更大的量，这叫做超量恢复，这是西方体育训练当中的一个主要点。但是武术训练不讲究这个，武术训练强调的是什么？强调的是微量递增，而且它要防止五劳七伤，什么东西都不能做过多，做多了对身体不好，把身体都损害了，还怎么去提高成绩？所以是正在这种情况下，现在有些学者很明确地提出来竞技体育并不是为了健身。竞技体育，也就是我们今天运动队练的这些体育，包括竞技武术，它的目的是什么？是为了创造更好的成绩，使人能够突破过去的局限。所以很多竞技体育从业者到最后都有很多的伤病，因为它不是在自身健康的基础上发掘自己的潜力来进行努力，而是违反了很多人的生理规则，去做一些突破极限的努力。

那么是不是武术就不讲究人的最大的能力的体现呢？当然不是。武术同样要激发人体的潜能，只是方法完全不一样。它采取的是微量递增。我给大家举一个例子，就是《易筋经》。现在我们大家都知道，《易筋经》是一个很好的健身方法，很好的全民健身项目。大家也都知道，《易筋经》是武林秘籍，很多武功很高的人是通过《易筋经》达到那么高的水平的。为什么？因为它的练习方法完全是增强人的体质的。

不仅练外，还要练内，内外合一，逐步让你提高。《易筋经》里边强调练习的结果是要达到是把自己练成金刚不坏之体。这个人好像穿着一个铁做的衣服一样，不怕人打。所谓金钟罩铁布衫，就这么个概念，就是讲不怕别人打。让他去攻击人的时候，他能够练到把指头合起来，一拃过去，把牛的肚皮戳破，这个不得了。他是怎么练出来的？完全是在中国文化的基础上练出来的，这个基础最明显的最主要的是借用了中医按摩推拿的方法。中医的推拿按摩一开始是按摩、推拿、活动你的筋骨、活动你的肌肉，让你全身的筋骨疏通，疏通以后开始用手指指环敲打，一点一点地敲打，敲打完了以后，加大力量，用手掌拍打，手掌拍打完了以后，加大力量，用拳头拍打，拳头拍打完了以后，用一个木棍绑上布，拍打，打起来不疼，然后把这个布也拿掉，就用棍子打，棍子打完以后可以用砖来打。砖头打以后再用更硬的东西，比如再用刀背这些，一点一点这么打，这是循序渐进的锻炼。这种锻炼，没有超过一个人的承受能力。所以在这种情况下，即便不是为了要去跟人家格斗，要去攻击别人，或者防备人家来打，自己练了，也是强健了自己的身体。

然后我们再来看一下，在锻炼的目的上，二者也是不一样的。前面我们讲的西方体育的理念就是更快更高更强，这也是所有活动所追求的目标。但是中国武术追求的不是这些，它追求的是中和、是和谐、是自然，所有的拳术都追求这些。比如说中和，这是中国文化里边最基本的概念。中医强调的就是中和，所有的事情要中和，阴阳要平衡，就中和了。它强调具体的动作体现，讲究的就是中正。我们看，练太极拳很好体会，通过站桩达到了中正的程度，不管做什么动作，肯定是中正的。旋转的动作一样是要中正的，它不能是歪三倒四的。八卦掌讲的是斜中求正，在与人格斗的时候还要讲究六合。上下要先合，肘关节跟膝关节要对，手掌跟脚尖要对。它是一个完整的体系。做到中正，已经立于不败之地，而不是为了一寸长一寸强，我尽量往前，你往前要把你带过去，顺着你的劲就拿走，你就失重了，你就失去了平衡最好的位置。

中国武术就这么一个理念。而这些理念对于人的健康则完全不一样。比方说我们练西方体育的时候，经常把它叫做积极性休息。本来人很容易消极，去打球去跑步，用这些来作为积极性的休息，而不是消极地坐在这儿休息，这个是我们一直的一个理念，这个理念也没错。但是这个理念会让人的意识上更紧张。本来上班上得很紧张，去打球，要争个胜负，球来了，要拼命地想着去够着它把它拿下来，超出了自己可以达到的能力的范围，实际上是给人造成了又一重的紧张。也就是说，紧张的工作之后，去积极休息，还是在一个紧张状态下。但是武术锻炼不一样。武术锻炼的时候，因为追求的是中和，在练的时候，讲究的是人要放松，在放松的情况下进行运动，不要人紧张，因为没有要求一个人必须怎么样，它是要你自然而然。所有这些在我这里以三个方面来比较就可以看得出来。我们中国的武术，由于跟西方体育的文化基础不一样，所以运动形态、运动方式、获得的效果也是有差异的。

下面我们来谈谈武术的功能及国人练习武术的文化意义。武术的功能，首先第一个它有健身强身养生的功能。应该讲跟西方体育比较起来，在健身强身这一个层次上二者没有太大的不同，只是采用的方式不一样，比如说我刚才讲到的动作形态、练习方法，这些不一样。在养生方面，武术还有它特别的地方。除了我们前面讲到的动物的养生之外，武术更注意的是文化、内涵以及文化的理念所产生的一些养生功能。前面我们讲到，武术动作要求的是中和，要求的是阴阳平衡，所以练习的人要形成一个理念，即阴阳要平衡，而且认为所有的事情必然是有两个方面的，因为孤阳不生、孤阴不长、必然是两个方面的结合、两个方面的平衡，才能有两个方面的相成。因为这个理念，我们对很多社会事物就会看得很清晰，就不会去生那么多气。比如我们开车在街上堵车了，不用着急，应该看到这是一个自然现象，有不堵车的时候，自然也有堵车的时候。当你认识到这是个自然的现象，有通畅就要有堵车，你就会心情平和，不生气了，当然就有利于自己。在家里也一样，你跟家人意见不同的时候，自然得大家商量一下，不是一下就把它对立起来。在养生方面，我们这种文化里面也还有很多这种例子。其次是自卫防身的功能。刚才我们把转旋这个例子讲了一下，其实就这个转旋，在武术的攻防里边，自卫应用就不得了，刚才我们只是讲了上肢的一个转旋。如果我们通过身体的转旋，不动步就能够避让对方，就能够进攻对方；如果我要动步，我就能够从对方的正面移到对方侧面，避开正面，打他的侧面。这是武术自己的一个特色。再次，最主要的我想也是我们今天要来讲的是武术在文化方面的功能。我将它归纳成有启智的功能，有修身的功能，有培育自善人格的功能。我们这个大讲堂叫做体育文化大讲堂，所以我想把这个作为一个重点来讲。最重要的一个方面就像刚才我谈到的，如果讲健身讲养生讲强身，我们做其他的运动也可以，但是文化的价值，武术有它独到的一些功能和价值。

我们下面集中来看一看中央这些文件里面是怎么看待武术的文化价值的。教育部发布的《中小学开展弘扬和培育民族精神教育实施纲要》明确要求，体育课增加中国武术等内容，提它不是说去用它的健身的功能，而要用它弘扬和培育民族精神。接下来我们要看的是《教育部办公厅和国家体育总局办公厅关于推广中小学系列武术健身操的通知》，通知里边写武术是中华民族文化的瑰宝，首先强调它是文化，而且是瑰宝，它强调的是武术教育对培育和弘扬民族精神的积极作用。它把这个放在首位，把文化放在了第一位，而把促进青少年学生身心健康放在第二位。接下来我们再来看一看 2017 年 1 月 25 日中共中央办公厅、国务院办公厅下发的《关于实施中华优秀传统文化传承发展工程的意见》。《意见》强调武术在中外文化交流当中的作用，把它作为中华传统文化代表性项目用于中外文化交流，强调的还是它首要的属性，文化性。2019 年的"两会"提到要加快构建中国特色哲学社会科学。习近平主席在专门谈到构建中国特色哲学社会科学的时候，讲到要按照立足中国、借鉴国外，挖掘历史、把握当代，关怀人类、面向未来的思路，有力构造中国特色哲学社会科学。在指导思想、学科体系、学术体系、话语体系等方面，体现中国特色、中国风格、中国气派。看到这一段话以后，我想到什么？我们前面讲了武术是传承中华文化、中华民族精神的载体。在这里我看到的是要构建中国特色哲学社会科学，武术是一个很好的资源。

为什么说武术是很好的资源？武术的理论分散在各种学科各种事物当中。武术中保留的中国传统的哲学、中国传统的文化很多。举个简单的例子，我前面反复提到的西方体育理念体现的西方文化就是对立统一。可是武术里使用的是我们传统的概念，它是不一样的，它讲的是阴阳要相依，最后要达到阴阳相成，它们是对应的双方，而不是对立的双方，领导跟被领导的是对应的，而不是对立的。对应的双方只有两方劲往一处使，才能够把事情做好。现在天天在讲，"一带一路"讲中国智慧，讲的是什么？讲的就是阴阳相济、阴阳相成。我们不排斥任何一方，发展是共同的发展，大家是共同的命运体。我们跟很多国外的一些见解上、利益上的认识是不一样的，我们能够有因就有缘，大家需要团结在一起形成一个共同体，生命共同体，利益共同体，等等，最后达到共赢。中国智慧实际上就来源于武术里面每一个动作所包含的这些素材，阴阳相应而不是对立的素材。所以我在看到话语体系的时候，我也在想，现在已经提出来，连哲学社会科学都要加快构建，那么我们武术的体系怎么加快构建？还是要把我们博大精深的武术构建起来。把鸦片战争之前我们强健自己、强健国人、强健国家、强健民族的一些锻炼体系构建起来。

因为武术这么重要，武术的文化功能这么重要，所以我们要好好来考虑它一下。我把它的文化功能归纳为三个方面。第一个是启智，启发智慧，因为武术里面有智慧，智慧在哪？我们刚才已经讲了，因为一学这个动作，手伸出去，一打出去，关节不能太直，要直中有曲，但是不要太曲了，还要伸得开。要阴中有阳、阳中有阴，很自然地就理解了这个概念，就懂得了我们中国人怎么来处理不同的因素、不同的方面、不同的意见、不同的利益团体，也就是说就知道了中国智慧。你一传播，孩子知道了，然后他也就会去应用，所以它可以启发智慧。我们总教育孩子要身体中正，他就知道一个人在社会上不能东倒西歪、前捌后斜的，做什么事情要有个原则。通过学武，启发他去懂得这些道理。

第二个，我想的是学武术是让我们学武术的人达到修身齐家治国平天下的途径。对孩子来讲，对学校里面在读的同学们来讲，这个修身尤其重要。修身的第一步是什么？修身的第一步是格物致知，学习的人要懂得怎么去学习。如果他在学武术，他就能够首先了解到格物致知，学到一种学习的方法，知道在动的当中怎么静下来，静下来以后怎么再动起来。当我们搂膝坳步往前推掌的时候，推掌是大拇指先向上再往下压，一点一点一点压，它一点一点一点转过来，相当仔细。如果说我们的孩子在学的时候，让他这样一点点来，他养成的习惯就是学习任何一个知识都要搞明白，要搞清楚，要懂得每一个步骤，而不是还没学会走就跑步去。所以从修身来看，我们让学习的人首先知道格物致知，知道了才能够做到定。现在好多练太极剑、教太极拳、练气功的，讲究排除杂念什么的，但怎么排除？强行排除，排除不了，但是如果像我刚才讲的，这个动作 起来，走一下，我的意念完全在这个上面，我把意念完全定在这里，定在我的胸口上，意识指导动作，这个定才是真正的定。定了以后才能进。动作对了，我们也就静止下来了，这样我们才能够进一步提高。所以我说在文化的概念里边，武术可以启智修身。

第三，顺着我们修身的程序练下去，而且把我们练习的用到我们的生活中，用到我们的学习中，用到我们的工作中，那么它就是一个不断完善你人格的过程。至善就是最好。为什么？这里要讲的就是持之以恒。

我们这边太极拳现在是比较普及，它的练习总是有几个阶段：先单悟，单悟以后再单练，然后再对练。在太极拳教学里，过程是先要招熟，就是我刚才讲的格物致知的过程。通过招熟，把动作都练好了，然后进入第二阶段。懂劲不是我们自己在琢磨技术，劲是一种力量，但是这个力量是我们关注的、是有方向的，有大小有方法的理念，我们把它叫做劲。而劲的体现必须要有一个兑现物。我们说我有多大的劲，也就是说我有多大的力。我们在读书的过程当中要懂劲，也就是说要真正能够跟对方交手。没有交过手，根本就搭不上手，而且不去跟别人交手，没有经过一个互动的过程，也就不能真正领会到刚才我讲的武术的理念。太极拳里边讲得很明白。懂得劲强调的是要顺遂、要随着对方，对方进我退、对方退我进，粘黏连随不丢不顶，它强调的是这么一个修养。如果有了这个修养，在家里边，你会把家庭关系处得很好；在单位，你会跟领导、同事处得很好，我是和你粘黏连随不丢不顶的，我不离开你，我也不顶撞你，我们就一起粘连，一起进行锻炼，一起提高锻炼的效果，达到锻炼的目的，获得我们所需要的自己，体现了这么一个道理。

  然后到了第三个阶段是神明。神明阶段叫舍己从人。舍己从人在儒家里面就是为了人、为了义要舍己从人，它把对手当成是一个值得尊重的个体来对待。所以我们在练习当中，不论是从要提高武术的技术也好，还是要真正体会武术的文化内涵，达到修养的目的也好，都必须要把武术锻炼的几个阶段坚持走下去。当然你只练一个阶段也是可以的，因为我只追求通过这点来锻炼身体，了解到这点文化内涵就行。这方面个人根据自己的情况来定，我们不做一味强求，我这里给大家介绍我的一点学习体会，我是把我想到的都给大家讲一讲。

  从刚才讲的这些，我们就看到了武术是传承和传播中华文化的载体。对于国人来讲，它是传承；对外国人来讲，它主要就是传播，他们可以通过武术了解中国智慧到底是什么。汉武帝的时候，"罢黜百家，独尊儒术"，儒术不是技术，是儒家的学说、儒家的理论，那么武术当然就是武家的理论。所以根据我们看到的材料，再加上我们在这个过程当中看到的一些早期的理论，比如除了"文武双全""乃文乃武"等等这些把武跟文相对应的之外，还有一个"孔武有力"，就是说人必须要有理念，还要有勇气。如果我们结合起来看，那么第一个是格斗的技术，攻防格斗技术，也就是技击，技击攻防术。第二个要有勇气，勇气在我们今天的体育运动里面叫做什么？叫心理素质。还要有力量，力量是什么？那就是运动素质。

综上，武术自身包括了三个类：攻防技术、心理素质、运动素质。这个术就是这些理论。所以我现在把武术的内容细分起来，第一个是武的技术，叫攻防格斗技术。第二个是武的练法，里边就包括了技术的练法、勇气的练法、力量的练法。第三个是武的用法，这个用法就是平时用于比赛、用于互相切磋，还有就是在战场上应用。然后就这些技术练法用法的理论表现在哪些地方呢？表现在古代的军事领域和非军事领域的练武比武以及在武教方面。早期武术的教育就简称"武教"。我们再来简单看一下，练兵中的例行项目有田猎和讲武，以前有"三时务农，一时讲武"，这是制度性的。然后，秋收以后，冬季要有田猎，这也是制度性的。在"田猎"和"讲武"的时候，参加的这些士兵要拿着武器到野外去追捕野兽，实际上是把武器的使用、奔跑的力量、擒捕的方法整个都融在里面了。所以实际上这些活动并不是单纯的攻防技术，而是具有军事意义的综合体育运动。所以，在日常军事和练武比武过程当中，我们看到的已经不仅包括技击功防技术，还包括了其他内容。

在《汉书·艺文志》里有一篇写兵家分成了四部分，其中有一个兵技巧。这个兵技巧也就被注释为技击的具体内容。兵技巧指的是什么？是习手足、便器械、积机关，以立攻守之胜。习手足，就是我们今天讲要练习徒手的拳术，要便器械，各种器械你要能练，以立攻守之势。它把各种各样我们今天讲的体育运动的素质训练方法全部都放在练兵里边了。

这里边尤其值得注意的是，在以立攻守之势的原则下，很多本来是用于技击攻防的内容，最后形成了游戏，其中最主要的就是角抵。角抵不仅仅是摔跤，还是很多人比试的项目。这个项目在秦朝的时候，变成了角抵戏。角抵原来是教武之力的内容，到汉代的时候，许多地方在正月十五等等这些节庆的时候要进行角抵戏，也就是做这些比赛，"三百里内皆来观"，吸引力很大。

从今天的意义来讲，就是说武术不是西方的体育、洋枪、洋炮来了以后，丧失了实战的技能和价值，才把它演变为体育，而是在秦汉的时候就已经变成了用于民间锻炼及民间娱乐的方法，也就是说具备了我们今天所谓的体育的那些功能和形式、那些方法和规则。后来，武术形成了很多的比赛方法，再后来，很多都成了游戏。举个例子，踢毽子，踢毽球。毽球最早的时候，就是踢足球那个踢法，拿球在脚上颠，两个人传，最后那个球变成了这么一个铜钱上面绑一点毛的形态。所以，我们看很多的民间游戏最早都是跟军事训练有关的。

在这里，尤其值得要讲的是武举制。武举制从唐代就开始了，一直到了清代晚期，1901年之前都例行通过武举考试来选拔武官，为很多习武的人提供了一个进入仕途的途径。武举考试包括了内场和外场，内场考文，外场考的是步射、马射、弩踏、翘关、负重。翘关就是举重，然后开硬弓、舞大刀、拿石锁等。如果我们仔细来研究，这些项目完全就是适合于比赛的。也就是说，实际上武术当中的很多项目或者说中国体育的很多项目在唐代已经有了我们现在意义上的竞赛，而且是公开的大规模的国家组织的比赛。

当然，那些比赛的方式跟西方体育的表现方式是不一样的。正因为这些方式不一样，才值得我们去研究。

我们再来看一看非军事里的练武内容。刚才我谈到了易筋经，这是作为我们功法的一种概述。我们可以用它健身，但是这个健身练到一定的深度、一定的高度以后，它的抗击打能力和攻击能力就完全提高了。第二个是以太极拳、形意拳这些为代表的拳种。第三类就是我刚才讲的以角抵为代表的游戏。这种项目很多，现在很多的这种项目被叫成了民间体育或者是少数民族体育。

我们不能说竞技武术不是武术，它在现代武术里边还是具有代表性的一种，在不断发展，通过吸收其他的文化和技艺来丰富自己。在这里我想到了一个问题。马克思是我们科学社会主义的奠基人，马克思在讲教育纲领的时候，提出来体育即体育学校和军事训练所教授的那些东西，这个很值得我们深思。体育在军事训练中本来就是很重的一块。当然，在古代西方有体育学校，我们没有，我们有武学，这些东西加上军事训练，就是体育。你不能把武术局限起来，说它就是军事。另外，欧洲的一个体育学家叫德梅尼的，他把体育运动的动作分成七类：走、跑、跳、攀登、举、负重物、投掷、攻防术。攻防只是其中的一类。就像我们刚才讲了那么多，武术里边的技击只是其中的一类，不是所有的内容都是技击、都是攻防。我们应该明确，古代的奥林匹克运动会中最早的比赛项目仅仅是军事技术项目，以后才逐渐增加了一些项目，而这些项目也都是有军事色彩的。所以讲到这里，不得不讲的一句话就是中国武术的内容是博大精深的，是源远流长的。那么，现在看来，在古代中国没有"体育运动"这个词的情况下，我们是不是可以统统借鉴欧洲、借鉴马克思他们的一个思维，认为体育就是武术。

我今天讲的这些，主要讲到了博大精深的中国武术，不仅具有健身、强身、养生、自卫防身的功能，还有着启智、修身、培育自善人格的文化价值。从整体与文化层面说，通过习练中国武术，有助于习练者了解、学会、应用阴阳相成、中和中平的中国智慧，育成自强、仁义、爱国、和平的民族精神。因此，有必要以国术育国人，推广中国武术，培育公民素质。

体育文化纵横谈

刘德佩

非常高兴有这个机会和我们山西省体育界的同行们进行交流。《体育文化纵横谈》，咱们主要谈山西文化问题。

谈体育文化，首先说一下什么是文化？"文化"这个词对我们来说再熟悉不过了，但是要能把文化说清楚确实是一个世界难题。首先，人类的文化太丰富了，所以迄今为止没有哪一个人能够把文化说得非常清楚，因为世界太宽泛，民族众多，社会背景不一样。其次，人类文化的发展速度很快，所以很难把它说清楚，一点都不遗漏地说清楚是个难事。那么要谈什么是文化，我不敢说没有遗漏，但会尽量减少遗漏。文化是人类所特有的一种社会现象，只有人才能创造文化。大家知道，世界有生物界、微生物界，生物界有动物，还有植物，等等。但是除了人类之外，其他的各个物种所创造出来的、所留下的应该都不是文化。所以，文化是人类独有的社会现象。究竟什么是文化？我是这样概括的，凡是人类有意识的行为和这种行为留下的痕迹，比如衣食住行，没有一样不是文化。比如说穿衣，各个地方穿衣不同，各个民族穿衣不同；从吃来讲，山西人的饮食习惯和山东不一样，广东和东北就更不一样，这差距也是比较大的。这是人类饮食文化造成的一种现象。再比如住，陕北、山西有很多窑洞，我听朋友介绍，山西的阎锡山到台湾之后，也想法修窑洞来住，因为只有这样住，他才感觉到舒服。前几天我们参观杀虎口，但是它原来不叫杀虎口，是杀胡口。为什么把它改了呢？

文化背景，我们山西的同人知道得更清楚。因为古时曾经将来自北边内蒙古高原的少数民族称为胡人，而现在他们是我们国家的56个民族之一，所以再说杀胡口，就不合适了，于是改成了杀虎口。比如说办丧事，有的地方土葬，有的地方火葬，有的地方水葬，有的地方石棺葬，比如悬棺，在悬崖上面，这都是不同文化影响下的结果，这是人类活动留下的痕迹。所以说凡是人类有意识的行为和这种行为所留下的痕迹，都属于文化。

讲文化不是主要题目，只是一个铺垫、一个过渡。我们现在讲讲体育文化。什么是体育文化？体育原本就是文化，它是人类文化的一个很重要的部分。体育文化的发展有一个很鲜明的特点，越是古老的时候，人类历史越久远的时候，体育文化在人类历史上占的比重越小，随着现代社会的发展，这种比重也越来越大。大家知道，在英文当中，体育被称作身体的文化，Physical culture，直译过来就是身体文化。所以，原本人类就认识到了体育就是文化。只不过我们以前在这方面想得不是那么多。在俄文当中也是这样，斯拉夫语系，东欧的一些国家，体育文化怎么称呼呢，他们称为"费之切丝卡亚库里图拉"，翻译过来就是身体的文化，体育的文化。这个词我在词库里边没有找到，所以我用汉字代替。从这里看人类有意识的行为及其留下的痕迹都是文化，人们的体育思想、体育意识、运动项目、规则、方法、场地、设施器材、运动服装等等，都是体育文化。

体育文化不是千篇一律的，随着时间、空间、地点的变化会有所变化。我举个例子，比如从规则来看，这里离内蒙古比较近，大家知道内蒙古的民族传统体育是源远流长，它有几项也是民族符号的运动项目。第一个是骑马，第二是射箭，第三是摔跤。因为我20世纪90年代专门在内蒙古研究过这个，蒙古摔跤的规则有鲜明的特点，现代世界上所有的摔跤、举重等等都是人们为了竞争的公平性而按体重分级别，那么最高级的是无差别级的。如果不分级别的话，人们认为没有公平存在。但蒙古摔跤是不分级别的。体重100公斤的人和体重75公斤的人在一起摔，是没问题的。别人认为这绝对不可理解，但是在蒙古族那里认为恰恰是合理的。为什么认为这样合理呢？因为蒙古族在草原上生活，人口比较少，他们的生活理念是一定要战胜自然才能生存下去。牧民说在草原上放牧的时候，要和狼作战，狼会因为你个子大来个大狼、个子小来个小狼吗？这可能吗？所以他认为这是正常的。因为他们把体育运动作为生活的一部分。

再比如方法，作为东方民族，尤其是中华民族，我们在运动理念上更喜欢后发制人，和西方民族从文化理念上就不一样。我们讲究四两拨千斤。怎么说？你凭巨力来打我，我牵动四两拨千斤。这种理念贯穿了好多项目，这就是文化传承的魅力。

再比如服装，这样的例子很多。20世纪80年代初，我们到宁夏去，当时就是支教，在那里组织篮球比赛，上场的没有一个女学生。我们准备了半袖运动服，但是没有一个穿的，都是穿长衣。因为那里的文化就是不能穿半袖，背心是更不可能了。这些所有加到一起，就是体育文化的部分，或者体育文化的一个成分。

以上所述，都是体育文化的内容。但社会上有些人还是认为体育没有文化，这是一个很现实的问题。尽管现在社会对体育歧视的状况正在逐渐改变，但仍然有很多人说体育是没有文化的，这都是因为对文化概念的狭隘理解。

社会上的多数人是从"小文化"的观念来看待体育的，以为体育人没有文化。我本人就有这样的亲身经历。那应该是在1981年前后，我到昆明开会，那时候条件不太好，坐着火车，当时火车坐票很难买到，经常要站半天才能找到座位。那次我在火车上好容易找了个座位，对面也是个知识分子，在漫长的旅途当中他就跟我聊天，问我："你是干什么的啊？做什么事情啊？"我比较老实，就说我是搞体育的，正在做研究生论文，我要去参加会议。他眼睛马上瞪得很大，说："体育还有研究生吗？那你研究什么，篮球谁都知道，就往筐里放就行了，足球往门里踢就行了，你研究什么？"他本身是个知识分子，在他脑袋里想的都是体育人没有文化。那么社会上其他人呢？因为懂体育文化的人比较少，体育人都是些所谓的四肢发达、头脑简单，是大家固有的看法。后来，到1990年之后逐渐开始好转，但直到今天还没有完全脱离开原来负面的影响。有些年轻人读了体育专业，他们的家长聊天的时候，也认为读体育专业是没有办法的办法。不排除现实有这样的一些因素，但是不全是这样，社会上仍然认为体育专业的人和别的专业的人相比文化水平比较低，这个问题错在哪里呢？就是错在对文化的理解上，认为学体育专业的人文化知识比较少。这些人是从"小文化"概念出发的。"小文化"是什么呢，就是指知识，是一些传统的知识，比如语文、数学、物理、化学，大家认为学体育的人在这方面知识比较差，所以它说体育人没有多少文化，这多少是一种误解。但今天这种情况在逐渐改变，我们有大学学历、研究生学历的体育专业人士越来越多了。

但是遗憾的是目前我们体育专业的教育还是存在着很多问题，因为我们体育高等教育是改革开放之后才逐渐发展起来的。我们的教材准备、师资队伍准备，都远远没有跟上体育专业研究生扩招的步伐，所以非常遗憾。现在，文化实际上是一种软实力，它是硬实力的基础。赵晓春局长前一天在国家体育总局的一个文化研讨会上提出来要给体育插上文化的翅膀这样一个观点。我认为这是我国体育发展进程当中恰逢其时的一个科学理念。

给体育插上文化的翅膀。在我国体育发展的历程当中，曾强调过社会化、科学化的两只翅膀。当年张彩珍同志还在国家体委政策研究室的时候，就和李梦华同志通过研究座谈会等各种形式，整理出来一个体育发展战略思想。他的原话是什么呢？是以革命化为灵魂，以社会化、科学化为两翼，实现中国体育的腾飞。这是在20世纪80年代初期提出的。那么现在经过将近40年的体育改革和发展的实践，我个人认为体育社会化的翅膀已经长得比较成熟。

今天，体育在中国大地上已成为社会文化不可或缺的一个组成部分。大家可以想一想，大家在看的中央电视台，除了财经频道、军事频道、农业频道，专门给体育也设立了频道。而且据我原来的研究团队做过的调查，体育频道的收视率排列第二，财经频道排列第一。为什么呢？因为社会上越来越多的人开始关注体育。

除了电视台的体育频道之外，综合频道几乎每天都有体育消息报道。除了动态立体媒体之外，还有体育报纸，除了体育专业报纸之外，其他如《人民日报》《光明日报》，哪个报纸上都会开体育的专栏。体育看上去不重要，不生产粮食，不生产钢铁，也不生产武器，为什么这么重要？因为它是和人们生活密切联系的一种文化。随着社会的进步，人们物质生活水平的不断提高，人们对精神生活的要求越来越高。

人类是需要运动和娱乐的。运动和娱乐有的时候是分开的，比如体育之外的艺术、琴棋书画也是娱乐。但很多时候，对许多人来讲，体育运动和娱乐是连在一起的。所以体育文化在现实社会当中越来越重要。我们体育人切不可妄自菲薄。你在不断给社会提供精神食粮，人们需要物质生活，在物质生活满足到一定水平的时候，更需要的是精神生活。而体育正是大家精神生活的重要组成部分。

所以一个社会学家说过，在现代社会里面，人类的第一需要是劳动，因为你不劳动就不能活下去，第二需要就是运动和娱乐。运动和娱乐有的时候可以合二为一，又是运动又是娱乐；有的时候是各自分开的，比如其他的文艺、艺术、琴棋书画只是娱乐。但是很多时候对许多人来讲，体育、运动和娱乐是连在一起的。所以体育文化在现实社会当中越来越重要，对体育人来讲，我们切不可妄自菲薄，认为我学这个、从事这个，就是玩一玩的，远远不是这样，我们在不断给社会提供精神食粮，人们需要物质生活，在物质生活达到一定水平的时候，更需要的是精神生活。

我说这个大家很多都有亲身的感受，为什么全国人民那么关心足球？不是十几个人在场上踢球吗？输了赢了对每个人来讲会有多大的损失呢？从一个角度你可以这样来理解，但为什么国家、政府那么重视足球，就是因为全国人民非常关心足球，这就是一个文化悖论。我们的足球尽管踢不上去，关心的热度却并没有减，有人说干脆把这个项目给取消掉了。如果取消掉的话，给社会造成的负面影响比现在踢输球的还大。这就是文化。所以大家不要小看，不要妄自菲薄，看不起自己从事的事业。

下面稍稍谈一谈军事体育的问题。因为本人来自军队，对军事体育更为关注，大家可能也关注过、了解过。我不知道在座的各位有没有体育理论、体育人文社会学专业的研究生，我们学过体育理论，对体育理论有过划分。

到目前为止，对体育划分的研究还算深入。20世纪50年代开始将苏联的教材拿来作为中国的体育教材，一直到现在。一般把体育分为三大类：第一个是高水平的培养运动员的竞技体育；第二个就是培养青少年的全面发展的学校体育；第三个以前叫群众体育，后来又叫大众体育，还有叫做社会体育的。但是这种分类的思路恰恰漏掉了最大的一点、最重要的一点，这就是军事体育。

前几天我去山西体育博物馆看，看到那里有好多展品，其中包括无线电，包括跳伞，包括滑翔。当年把它做成了国防体育，实际上这部分体育始终在发展，比如我们的无线电测向，为部队的通信兵培养了很多骨干；我们的跳伞、我们的滑翔为空军输送了人才。但是我们的理论却没有把军事体育涵盖在其中，这是一个很大的失误。下面我们来看一看军事体育的特殊性和重要性。

军事体育曾经是体育的祖先。刚才谈到了，体育和生产劳动有关，和教育有关，和古代军事战争有关，和娱乐有关，等等。但是和战争有关的军事体育更为突出、更为明显。从古到今，人类的许多战斗技能最后都退役了，或军转民了，演变成为现在的普通体育项目，生成了新的体育内容。从冷兵器时代到热兵器时代都是这样，现在好多新型的项目都是从热兵器时代演变过来的，一些古老的项目是从冷兵器时代演变过来的，比如击剑，这是现在一个很好的项目。中国的这个项目在国际上、在奥运会上拿过金牌，尽管还没有像西方国家那么强，比如法国、德国、西班牙，但是不管是佩剑还是花剑，我们现在离世界一流的距离越来越近。这个项目就有悠远的历史，是从战争演变过来的。以上讲是冷兵器时代。我们再看看热兵器时代，现在的射击，不管是气步枪的射击，还是小口径的射击，原来都不是一个体育项目，而首先是战斗技能，都是后来才演变成体育项目。

比如比较现代的跳伞，有了飞机之后，用在战争当中，然后军事研究出了伞兵。现在除了部队仍然有跳伞训练之外，在技巧要求更高的体育比赛中，各种跳伞都出现了。这些讲的是热兵器时代。所以古今中外军事中的一些基本训练手段后来都成了普通体育内容。

学校以前上体育课，最简单的，每一个体育老师一开始上课都要有队列练习，从立正、稍息、向左转、向右转开始，这些都是部队的，都是训练士兵用的，后来引进到学校，就和学校体育有关了。大家知道阅兵，它是对部队的检阅，有了它才有了我们体育队伍里边的检阅。我们开运动会也有检阅，这是从部队学来的，不是体育所固有的。所以说军事和体育发展之间关系很密切。在体育理论上、体育划分上，把军事体育漏掉了，这确实是一个很大的遗憾和失误。军事对整个体育产生了深远的、正面的影响。

当然，事物都是除了正面还有反面，应该一分为二地看问题。反面例证不说也不对，比如苯丙胺的滥用。苯丙胺是体育所讲的兴奋剂。第二次世界大战期间，德国军人、日本兵都用过苯丙胺，就是后来我们常说的冰毒的同系列衍生品。因为战争当中，首先要保证自己不被消灭。关键的时候，一定把一个战斗员、一个士兵的全部能力都动员出来。如果都能被动员出来，就能成为胜利者，否则可能不仅成为失败者，而且，连命都会丢掉了。一个士兵的命丢掉了，甚至会影响一次战斗、一次战术行动，造成完全的失败。所以首先是德军，后来是日军，都大肆使用兴奋剂，使用兴奋剂可以24小时、48小时没有倦意，保证反应非常迅速，把身体力量都动员出来。起到了非常好的效果。后来"冷战"开始的时候，兴奋剂被东欧一些国家用到竞技体育运动员的身上。

所以，军事一些东西也对体育有负面影响。这个问题在部队里面不存在不道德的问题。它和竞技体育太不一样，用了兴奋剂就可以活下来，可以战胜敌人；不用兴奋剂，就耐受不了疲劳，对方就把你干掉了。

所以我说军事体育是体育大家庭的特殊成员，很重要。竞技体育的目标、手段和参加的人员不一样。竞技体育的目标是要夺锦标，不夺锦标要训练干什么呢？训练有时候很痛苦。什么是训练？什么是锻炼？二者目标是不一样的。比如说大众体育、社会体育就是锻炼，它的目标就是健康快乐，怎么高兴怎么来。竞技体育却不是这样。军事体育实际上的目标是什么？是用岗位的技能，对军人来讲，是提高作战技能、作战本事。体育发展到今天的水平，和20世纪50年代时不一样了。四五十年代运动员能够成功，主要靠刻苦训练。现在已经不单是苦练就能成功了。如果不是那块料，再苦练，也达不到最高的水平。但是那个时代可以，因为大家都没有在这方面苦练，你一苦练就会出成绩。学校体育就是针对大中小学生，就是锻炼身体和使身心得以全面发展。群众体育就是为了健康娱乐，为了提高生活质量，为了提高幸福感。而军事体育不一样，它训练的都是直接和战争紧密相连的技能，比如大家看到的匍匐前进、海军的爬桅杆、舰艇飞机库的消防。因为战争如果出现了，飞机库被炸，中了敌人的火力，你必须用你的体育技能在最短时间内把火熄灭，所以军事体育特殊就特殊在这里。所以军事体育的规律是这样的，首先要遵守战争规律而不是人体的生理规律，我们的竞技体育、群众体育和大众体育，遵循的都是人的生理规律。比如训练和锻炼，热身要做热身活动，热身之后才能很好地进行下一步。但试想一下，战争打起来了，还有时间去做热身活动吗？没有。所以说在部队里你会发现，饭吃一半，听着号声、哨响，马上就是跑三公里、五公里这是常有的。有人会说这一点不合乎科学规律，确实是，但是它符合战略要求。敌人来了不允许你有太多时间准备，比如游泳，不管是锻炼也好，还是竞技体育也好，都要穿泳衣，但是部队的游泳不穿泳衣是常事。部队训练通常是学会技能之后，要穿军装下水，要带装备下水，因为这才符合战争的实际。只有早期新兵训练的时候要尊重生理规律，当你一个是老兵了，就要首先尊重战争规律。比如，跑步训练的时候要穿软底鞋，大家最好在柏油路上跑，对膝关节的冲击力小。但在部队查一下，大家穿着作战靴跑，要在野外跑，在起伏不平的地方跑，这符合战争时的要求。

另外，军事体育都是强制性的。就是说军事体育是一个军事任务。再一个，军事体育是高度组织化的。

增强军人体质是一方面，比如强健体魄，提高身体素质、力量速度、耐力、柔韧性、灵敏度等，这些和大家都一样。还有很重要一点，就是军人需要通过体育训练增强自信心，提高应激能力，积蓄精神能量，对军人来讲这是很重要的一点，就像刚才谈到的蒙古摔跤中的小选手打大选手，一看对手比你高一个脑袋，你腿软了，就败了。一定要有我无敌这种自信心。再一点是提高作战技能，因为军事体育有好多技能直接和作战技能有联系，更重要的就是培养团队精神。

这里我来介绍一个实验。这个实验叫柳芭实验，它主要试验恐惧水平和相关因素。该实验认为每个军人都能那么勇敢是不现实的，他的勇敢是通过训练才能实现的，不是生来就有的。所以每个人都会有恐惧。说我一点不恐惧，那不现实，只能说降低你的恐惧水平，你会变得勇敢。所以一个人的勇敢和什么有关系呢？和生活经历有关系。这里包含性别差异，总得讲男性的恐惧水平低于女性。第二个和精神心理的遗传有关系。有的人天生胆小。再一个和体质有关，体质强健的人恐惧水平低，否则，恐惧水平就会高。还与人群指数有关，有团队、有战友在你身边，你就不会恐惧，单兵作战的时候，你的恐惧水平就会大大提高。我介绍这个实验，最后得出这样一个结论，就是一个人的自信心水平和他的恐惧水平也是这样一个曲线，当你恐惧水平很低的时候，你的自信心水平就高，所以你的勇敢就会出现。比如对抗对手，你没把这个对手放在眼里，不恐惧他，你的自信心水平就会高，你的发挥就会淋漓尽致；如果你一看心里就怯了，没上场你就先输了，尽管你的实际能力可能跟他差不多。

这个实验是柳芭主持的。他在苏联学校的体育夏令营里面选择身体好的强壮的学生和身体相对差一点的学生进行实验，几年之后得出结论。该实验假设在营地里面告诉几个队员，他们的吃的穿的都断了，有不同的救援背囊，重量不一样，有的10公斤，有的四五公斤，有的20公斤，装着食物和水，你选择哪个？身体强壮的人，都选择了重的背囊，有的身体尽管不强壮，但是他们自信心很强，他也能选择重的背囊。最后经过几年的实验，根据大量的数据统计得出结论，就是恐惧水平是自信心的敌人，要想提高自己的自信心水平，必须降低恐惧水平，而体育训练尤其军队的体育训练，恰恰能够降低人的恐惧水平。所以大家如果对军队熟悉，估计都看到过一个情况，不同的连队间拉歌，你喊的声大，他比你喊的声还大；这个连声音大，另一个连声音更大，哪怕喊破喉咙，这就是表现一种"我很自信，我一定要压住你"的信念。这是军事体育可以起到的作用。

当年，八路军驻扎在山西，尤其120师，当时在贺龙亲自领导下，每个团都有一个体育强人。正因为他这么重视体育，所以120师在许多战斗中都有卓越的表现。后来国家体委成立之后，主要干部都是来自当年的120师。

我在山西体育博物馆也看到了这些照片，实物可能没展出来，后来我填了一首词，作为军人，既怀念当时体育发展的盛况，也看到了现在山西的发展前景。这首词的词牌是"诉衷情"，题目是"三晋体育今昔"。山西民间体育、大众体育发展得很好，给山西老百姓提供了许多运动场所，使山西体育发展得越来越好。最后总结一下，就是体育是军人永远不能毕业的一门主课。

诉衷情·三晋体育今昔

刘德佩

当年体育热军营,

笑语伴杀声。

龙争虎斗球友,

联辔斩倭兵。

吟旧岁,赋新程,沐春风。

今天三晋,

体育前行,

普惠民生。

辉煌历史与山西人应有的文化自信

李琳之

在今天之前,我对山西的体育关注不够。但是这次在准备这个讲座的过程中,我突然发现在山西的这种局面下,我们山西体育人揭开了一个角,像一道闪电一样闪过来,给山西注入了活力,一会儿我要详细讲这个问题。今天我想讲的题目是"辉煌历史与山西人应有的文化自信"。山西在中国历史上可以说是非常伟大、非常辉煌的,我们作为山西人,最起码应该对山西的历史有点常识性的了解。因为作为一个土生土长的山西人,不了解山西的一点历史文化,对于我们山西,对你自己其实都是一种损失。我给大家讲一个故事,2018年我在外边调查的时候突然接到山西国际文化交流协会一个副秘书长的电话,他跟我说这两天正在接待一个代表团,前一天晚上他们跟代表团一块吃饭,其中有个邯郸人谈起《赵氏孤儿》这个故事。然后他马上就说这个故事发生在我们山西,就发生在晋南,就发生在襄汾。然后那个邯郸人却说,赵氏孤儿的故事发生在邯郸,说邯郸是赵国的都城,然后他提出了一系列的理由。这个朋友给我打电话说:"当时把我气死了,可是我就没办法说服人家,你要是在跟前就好了。"这说明一个什么问题呢?我特别理解他的情怀,他作为山西人,觉得山西发生这么一个故事,有这么一个文化是山西的骄傲,但是由于他只知道我这儿就是故事的发生地,但不知道这个故事的来龙去脉,所以没办法说服别人,使他本来应有的骄傲感、自豪感和情怀都受到了绝对大的打击。

这是什么意思呢？我们作为山西人可以在外边说我们山西有什么什么，但是等人家问你具体情况，你却什么也说不出来的时候，你的自尊心、自信心、自豪感都会随之灰飞烟灭，甚至给自己造成一些伤害。所以我觉得有些常识性的知识大家还是应该了解的，尤其像今天，二青会召开在即，我们要接待来自全国大江南北、长城内外的朋友、体育家，当人家问你山西有什么历史、有什么文化，应该怎么去转一转的时候，你该怎么回答？所以说我觉得作为一个山西人，了解点山西的历史，从国家情怀上、从我们的自信心上、从我们的事业成功角度来考虑，都有巨大的促进和鼓舞作用，因为我们的山西历史太恢宏了。如果说整个中国31个省、市、自治区，包括港澳台，山西在中华历史上的地位绝对是第一位的，为什么绝对第一位呢？因为最早的中国就诞生在我们山西，我们山西就是中国的发源地。

下面我具体给大家讲一下山西历史上有过的七次大的辉煌。

第一次辉煌就是4000多年前在晋南，具体来说，就是在襄汾这一带（中国历史上有一个襄汾遗址，同时有个陶寺遗址），大约4300年前的时候，这个地方存在着一个古国，这个古国我们平常在传说里面也听过的，就是唐尧古国，唐尧古国位置就在我们现在的陶寺遗址。经过考古学家几十年的发掘，现在发现这个地方已经完全具备了一个国家的初级形态，这个遗址现在总面积达到了280万平方米，其中包括城墙，包括宫殿遗址，包括王陵，包括手工业的作坊遗址，包括普通老百姓的居所遗址等等，一个都城所有应该具备的它都具备了。但这个地方并不大，大家可能知道，唐尧古国联盟里面尧是具有最高地位的，叫帝。实际上这个帝在古代来说就是一个部落或者古国的首领，是一个部落联盟或者我们的古国联盟的领袖，所以唐尧具备两个概念：一个就是唐尧古国的国王，另一个是唐尧古国联盟部落的帝王。我们现在的陶寺古国不仅仅是中国考古学家承认，而且世界考古学家也承认了。2017年12月在上海举行的一次国际考古论坛上，考古学家高江涛他们的一个叫做"陶寺遗址，'中国'与'中原'的肇端"的科研项目获得了大奖，从而证明了最早的中国就诞生在这个地方。

当然，关于最早中国的传闻最主要有两个地方，一个是山西，一个是河南。河南偃师有个二里头遗址。另外，现在浙江杭州有个良渚遗址，具体来说，良渚是4500年前到4300年前的一个古城，它的面积达到290万平方米，二里头遗址达到300万平方米。当时我们说最早的中国首先最起码有几个条件，第一个条件，中国首先是以中为指导思想的国家，我们说良渚古国，这个良渚现在正在申请世界文化遗产（已申办成功），是证明中华文明5000年的一个遗址。但是良渚古国不能称为中国，这个大家一定得明白，我们现在的中国是整个中华大地960万平方公里，但是中国最初这个名字是由华夏族来创造的，华夏族是哪儿？在黄河流域范围活动的民族才称为华夏族。所以中国这个名字，包括华、夏、华夏、中华都是华夏族留下来的文化财富。在四五千年以前，我们说的辽河流域、长江流域这些地方被华夏族视为蛮，有南蛮、北狄、东夷、西戎，我们叫做中国，意思是中华民族的中央之国，所以长江文化那边就是我们在历史书或者是在小说、电影中看到的以蚩尤为代表的南方文化，不属于华夏集团的文化，所以那个地方是不能称为最早中国的，这个大家一定要搞清楚。中国这个中必须是以地中——就是大地的中间——为指导思想建立的国家，所以良渚古城和陕西的石峁（石峁遗址达到了400万平方米），虽然比我们的陶寺遗址要大了近120万平方米，但它们都不能叫做中国，因为那些地方国家形态现在从考古学的角度看还不完全具备。唯一能叫最早中国的两个地方，就是河南的二里头和山西的陶寺。虽然二里头比陶寺更为发达，它的国家形态更为完善，但是二里头遗址是3800年前产生的，陶寺遗址是4300年前产生的，事实上二里头遗址就是陶寺遗址发展过去的，是继承了陶寺遗址的文化、政治、经济等等，然后形成了二里头中国，二里头中国经考古学家鉴定就是夏朝中晚期的一个都城。所以这两年经过考古学家鉴定，尤其是在世界考古学上、论坛上获得大奖之后，河南人也不再争论了。我前两天在河南考察了一个礼拜,特意到二里头遗址去了一下,他们正在建立二里头遗址博物馆,以前他们有隔壁墙壁上或者旁边地方上写有"最早的中国",但这次去发现没有了,所有最早中国的痕迹全部去掉了,这就说明一个问题,就是最早的中国的位置被世界、被中国从科学上已经鉴定认可了就在陶寺。所以刚才我说的中就是这个意思,还有一个含义就是我刚才说的,这个中国的"国"必须是建立在华夏民族活动的范围内,也就是说在黄河流域的那个国家才能叫中国,所以它必须具备这两个条件。然后我们说中国必须建立在华夏民族活动的范围内,这是纪念我们的祖先,这叫祭祖以立国。敬天祭祖是中华民族的核心文化,在全世界范围内都是非常独特、非常有代表性的。所以最早的中国就在陶寺遗址这儿。如果大家有兴趣的话可以去看看,现在临汾博物馆也开了,2018年冬天开业的,景点也非常完备,陶寺遗址现在正在做工作。所以这是我们中国的第一次辉煌。但是大家要知道,我们的唐尧古国范围,陶寺遗址统治的范围并不大,它是一个典型的小国大邑,就是都城特别大,但统治的范围非常小,就仅仅限于我们现在的临汾地区、临汾盆地这一带。如果再往南发展,也就发展到现在运城的夏县了。所以陶寺古国的典型的特征是小国大邑,但是它的胸怀非常大。陕西、河南、山东,所有当时活动在这些地域的部落都是它的联盟国的成员。所以这个地方一直到公元前2000年前,也就是4000年前的时候,才被大禹代替。大禹代替之后在山西待了不长一段时间,在我们的平阳,也就是现在的临汾陶寺遗址,在安邑,就是现在的夏县,先后临时定都,然后就跑到河南了,山西的历史就此逐渐进入夏朝,进入一个比较平淡的时期了。这是山西的第一次辉煌,也是我们山西在目前历史上最辉煌的一次,所以中国的历史、中国发展的历史就是山西发展的历史。

山西的第二次辉煌是历史又经过了差不多近2000年的时候。大家都知道山西简称晋,晋就是晋国的简称,晋国是春秋战国时期的一个国家,晋文公称霸达150年之久,是称霸时间最长的。晋文公这个人很有传奇性,他的爸爸是晋献公,晋献公生了三个儿子,他是老二,老大是申生，还有个老三叫夷吾。晋献公后来打下了骊国，就是陕西临潼那一带，然后娶了姐妹俩，其中一个最有名的叫骊姬。骊姬给晋献公生了个儿子，她想让她儿子继承国君的地位，便想尽一切办法要把原来的三个儿子害死。首先得把太子申生害死，现在曲沃有个太子滩，就说的是这个故事。最后把重耳和夷吾逼跑了，逼得二人在各地流浪。之后晋国发生政变，不服气的人把骊姬杀死，迎回了夷吾，就是重耳的弟弟。夷吾回来以后当上了国君。原本大哥死了，应该二哥继位，二哥不回来，三弟继位了，他心里很害怕二哥回来抢他的位置，所以他再一次对二哥进行了追杀。重耳在国外，在山西之外跑了整整19年，有一回跑到一个地方实在走不动了，几个跟着他跑的大臣劝他振作起来，但那时候已经没有任何吃的了。当时有个叫介子推的人就说"我给你打个兔子去"，然后就在自己大腿上割了一块肉煮熟送给重耳吃了。重耳吃完肉才知道是介子推身上的肉，有个成语叫做"割股啖君"说的就是这个事。后来重耳回国登上国君宝座要封大臣，十几个跟他在各地跑的大臣都封了，唯独没封介子推。所以介子推一看，这个国君只可以共患难，不可以同享福，便不辞而别，背着自己的老母亲跑了。现在有人说他跑到介休，说介休是介子推逃匿的地方，其实不是。大家想想当时晋国的地盘就在我们灵石这一带，灵石大峡谷，他根本跑不过去，他背着七八十岁的老母亲，怎么能跑过去呢？事实上这个地方就是现在的襄汾县汾阳岭，那儿离晋国国都就10里地，他跑到汾阳岭上的山里面去了。后来重耳知道了以后就感到非常对不起介子推，心里难受、内疚，带着众大臣上山寻找。但介子推不肯出来，群臣在大山上喊他，介子推的老母亲告诉他不能出去。有人给重耳出了个主意："他不出来，我们放一把火吧，他见有了火就跑出来了。"重耳听了大臣的话，放了一把火，结果这把火并没有把介子推逼出来，介子推抱着他母亲活活烧死在一棵大树下。重耳大悲，下令全国那天不能吃热食，所以现在有个寒食节就是为了纪念介子推的，这是在晋国，在山西晋南发生的事情。

重耳后来跑到楚国，楚王接待了他，他很感谢楚王。楚王问他："假如你以后到晋国当了国君，你怎么报答我？"重耳非常感激说："假如有一天我当了晋国的国君，我们两国因为一些不可知的因素交战，我会退避三舍。"在古代一舍是30里，三舍是90里。结果这个话真的不幸言中了，重耳回来做了国君之后，楚国、晋国就发生了战争。楚国的统帅成得臣叫嚣："你们晋国忘恩负义的小子，竟然跟我们楚国打仗。"然后重耳就说："我当时承诺遇见你们楚国的军队要退避三舍让你们。"成得臣把重耳对他的礼让、对楚国的感恩当作了一种可以随便欺辱的原因，狂妄自大。所以重耳命令部队退兵90里之后，就埋伏在今天河南城濮一带了。结果成得臣得意扬扬带着部队来了以后遭到了伏击。这一次成得臣基本上是全败，但重耳放了他一条生路，让他回去了。城濮之战就是晋国崛起的开始，从那以后晋国开始称霸中原，称霸时间长达150多年。后来就发生了赵氏孤儿的故事，赵氏孤儿的故事也是在那一带发生的。这中间沉寂了一段时间，到了春秋末年的时候，有三个诸侯国非常厉害，韩、赵、魏。这时候的赵是赵襄子当政，赵襄子这时候就在现在太原这一带，晋阳就是赵国的势力范围。然后智伯就联合起大家来攻打赵国，不是有水淹晋阳城一说吗？之后赵国策反韩国和魏国，把智伯掐死在萌芽中。所以，虽然智伯那时候的势力非常强大，但是古人说了一句话，要想让他灭亡，必须要让他疯狂，疯狂的时候就是灭亡的时候。所以最厉害的智伯被这三家灭掉了。之后，公元前403年，韩、赵、魏把晋国分掉，这就是历史上的"三家分晋"。这三家也很厉害，"战国七雄"这三家就占了其中之三。赵国从晋阳后来又到邯郸，然后定都在邯郸，整个河北一带都属于赵国。而一直到郑州那一带，新郑是韩国的都城。所以韩国、赵国、魏国三家分晋，这三晋的势力范围整个在战国时期是独一无二的。如果说当初这三家没有分，那这个历史就不好说了，后来就不一定是秦朝的天下了。所以在春秋和战国时期，山西的历史也非常辉煌的。这是山西的第二次辉煌。

第三次辉煌就到了南北朝时期了。西晋末年，现在离石一带被匈奴人占领了，他们在那儿建立了自己的都城，然后从离石打到临汾，刘聪在临汾称帝，然后从金殿把当时的西晋皇帝从洛阳赶到了长安，后来又经过5年，总共12年的时间，匈奴族就把西晋灭掉了。北魏进行汉化改革，后又迁都洛阳。当时有个大臣叫高欢，他在太原，掌管着整个东魏的政治军事文化权。后来他儿子继位之后，直接把东魏灭掉，自己当了皇帝。这就是历史上的北齐，北齐的都城就在太原。北齐留下的最恢宏的就是天龙山石窟，现在天龙山石窟的第一窟到第三窟就是这个时候留下的遗迹。

再看第四次辉煌，也是在太原。为什么说山西这个地方重要呢？大家知道隋文帝杨坚有个儿子叫杨广，隋文帝把他派到太原做晋王。杨广表现特别好，赢得了他父母的欢心，最后让他父母把原先的太子废了，把他推上去当隋炀帝。隋炀帝登基之后，要把太原这个地方作为他自己最重要的战略基地，选来选去选中他的表哥，就是李渊做太原留守。李渊的母亲和杨广的母亲是姐妹俩，她们都是鲜卑人。中国历史上，一个人可靠不可靠，不是靠血缘关系能够维持的，最重要的是利益关系，如果利益关系一致，他们就是好朋友，可以结盟成为战友；如果利益不一致，父子之间、兄弟之间、夫妻之间都可以刀来枪往的。李渊和杨广也是这样。李渊到了太原之后，太原开始成为隋朝两大粮仓所在地，大的战备基地所在地。到了隋末，因为杨广的腐败，河南河北各地纷纷起义。所以这个时候李渊的几个儿子以李世民为代表就劝李渊造反，然后从太原起兵，通过运城打到长安，占据了这个地方，把隋朝灭掉，建立了唐朝。为什么建立唐朝，大家知道吗？这个唐朝是李渊对古人的一种感恩和感怀。这个古人是谁呢？就是我们刚才讲到的唐尧古国，尧，我们称"唐尧"，国号为唐，所以说大唐就是纪念尧的。李渊还没死的时候，李世民就发动玄武门之变当了皇帝，太原是他的起家之地，所以他对太原格外重视。后来武则天又把山西抬高了一步，当时她把洛阳叫做东都，太原叫做北都，所以那个时候有长安、洛阳和太原三都鼎立，我们山西的地位也是相当可以的了。

第五次辉煌就是五代十国时期，其中五代当中后唐、后晋、后汉都从太原起兵，他们全是游牧民族，所以这个地方实际上在古代的时候就是游牧民族和中原拉锯战的地方。所以称山西为北方中华民族融合地是非常贴切的。它就是我们中华民族的孵化城。

接下来讲讲第六次，讲这个之前还有个小故事。宋太祖赵匡胤把宋朝建立起来之后，全国各地都打下来了，唯独太原打不下来。宋太祖去世后，他弟弟宋太宗继任。宋太宗调查到太原是龙脉所在，就集中所有的兵力攻打太原，好像攻打了40多天，水淹晋阳城，毁掉整个城市，然后捅断了天龙山脉。太原城迁移到现在的所在地，说来也怪，自此之后山西太原这个地方也真的没有再出过天子领袖这些人物。但是山西属于各民族融合所在地，所以山西人身上有各民族交融的特点。明清两朝，山西虽然没有再是大都会所在地，但这时候出现了一支力量就是晋商。晋商其实在明朝中期就已经出现了，我们现在说晋商怎么伟大，都是指晋中的晋商，是在清朝中期之后的，然而在明朝中期到清朝中期之前乃至到民国的时候，平阳商帮，就是临汾、运城的商帮的声名和财力并不亚于后来晋中的那些富商大贾。在明末清初流传着一个故事，说在临汾平阳帮有个康百万，他最后发展到哪儿了？去了扬州，所以我们看到史料上有记载，扬州瘦西湖都是康百万的后花园。康百万在称霸的时候，晋中商人都还没有发达。后来一直到民国时期平阳商人依然占据着非常重要的位置，为什么这么说呢？大家可能看到过一张照片，1912年孙中山把大总统位置让给袁世凯之后，他到山西来巡视，山西人当时为孙中山照了一张照片，这个照片上孙中山居中、阎锡山居左，右边的人就是平阳商人，就是襄汾的刘笃敬。刘笃敬何许人也？就是山西第一条铁路的奠基者，是山西第一家发电厂的奠基者，是山西煤矿的奠基者，他是当时山西商会的会长。所以就从照片我们也能看出来平阳商人的地位。我曾经写过一篇文章流传很广，叫做"淹没的辉煌"，大概有3万多字，这个对晋商的研究可能起到促进作用。

晋中商人之所以厉害，主要是因为晋中商人后来有票号流传下来了，票号是现代银行的先驱。其实平阳商帮和晋中商帮比起来不分上下，如果从历史研究的角度来说，平阳商帮比晋中商人存在的时间要长得多。晋中商人从清中期算起来，勉勉强强100多年历史，不到200年，但是平阳商人的历史可以达到500年，这是大家应该知道的一个常识。最近出了一套史话图书，把这些基本上纠正过来了。最近研究平阳商帮的人和史料也比较多，这个偏差纠正了很多，这些我觉得研究晋商的人多多少少应该了解一点。

  总而言之，一直到民国初期，晋商都富甲一方。富到什么程度？我们现在都说平遥厉害，说是那个时候的华尔街，所有商号的总部都在平遥，但是我给大家举个例子，山西其他地方比平遥还要厉害，比如襄汾县，襄汾县是由襄陵和汾城在1954年合并的县。清朝中叶的时候平遥的人口差不多20万，是当时襄陵和汾城县加起来的一倍多一点，也就是襄陵和汾城加起来是它的2/3，但是有一个，从《山西通史》上你可以做一个调查，上面有一个记载，平遥所交的商税额只是汾城县和襄陵县的1/4。我们知道一个地方的商税才能真正地反映一个地方的经济发展水平，如果说平遥的经济水平很高，平遥的晋商很厉害，那么襄汾的晋商更厉害，因为商税在这搁着。这个可以在《山西通志》上查到，我写的一篇文章《家国往事》里面也能查到这个数据，说明那个时候晋商确实很厉害。

  阎锡山统治山西以后，没有压制经济，因为他是从日本留学回来的，所以他主张的经济是开放的，他把晋商利用起来了。山西当时厉害到什么地步？当时的太原兵工厂可以和汉阳兵工厂并驾齐驱，都是可以造飞机的。所以阎锡山利用商人又建造了很多的工厂，山西当时的财富在全国是居第一位的。而且当时山西的教育发展水平在全国也是领先的，它的入学率达到了70%多。为什么这么说呢？我母亲今年91岁了，她识字，还上过学，就是在阎锡山统治的时候。所以那个时候山西的教育、政治、经济、文化水平在全国都是首屈一指的，山西大学是第三国立大学，这是第六次辉煌。

我们看看第七次辉煌，中华人民共和国成立前后。我们知道红军改编为八路军的时候总人数只有4万多，八路军建立了3个抗日根据地，山西是主战场。而且八路军由4.5万人发展到日本人投降之后的100多万人，这100多万人里山西占了相当的人数。我们现在没法具体统计各县的县长或者各地的市长、书记这些，但是在2009年的时候网上有个帖子，统计一直到2009年，中国副部级以上的干部人数，山西居第6位，有602人，第一位是山东。但是山西只有3600多万人，所以如果按人均算。山西的位置还要靠前。这就说明当时山西抗日根据地边区政府贡献的人才之大。所以中华人民共和国成立前后山西最为辉煌，山西的政治、经济、文化水平都是全国领先。山西大学在那时候也非常强。山西开始下坡是在1954年，全国教育战线大调整，那时候山西大学的师资力量在全国也是排在前10位的，为什么说那时候山西大学厉害呢？之前，阎锡山亲自兼任山西大学的校长，后来的山西大学校长都是副部级，但是1954年院系调整以后，太原理工大学、山西师范大学、北京科技大学、中国人民大学、西北工业大学都有山西大学分过去的，这在很大程度上影响了山西教育事业后来的发展。1978年党的十一届三中全会之后，决定把山西重新打造为重要的能源重化工基地，导致了整个山西的产业结构失衡，所以说山西落后也是有原因的。但是历史发展规律告诉我们，任何一个地方或者是任何一个人的发展都有高潮有低谷，不可能一个人或者一件事或者某一个地区永远繁荣或永远落后。因为当我们繁荣、当我们最好的时候，也就是我们最骄傲的时候，也就是我们思维固化的时候。所以德国的哲学家黑格尔说过一句话，存在的就是合理的。用在我们这里，就是说山西的暂时落后是因为曾经太恢宏了，把当时的思维作为经验固化下来了。2018年我出版了一本书，《山西笔记》，其中有一篇文章就是写山西需要来一场迪拜式的思维革命。一切都是有原因的，现在都是为历史还债。

但是山西不是不行，山西也不可能永远落后。山西再次崛起需要你我他的共同努力。因为在对山西研究的过程中，我发现应该是这几年，尤其现在，山西迎来了千载难逢的发展机遇。为什么这么说？有这么几个点：第一点，中央政府的强力扶持。体现在2017年中央特意出过一个文件，就是关于山西转型发展的意见、指导书，还体现在我们综改实验区的设置上。还有就是山西大学。山西大学在2017年全国"双一流"大学评选中落选，那个时候我也写了一篇文章。后来据我所知，已经给山西大学等三个大学留了一个候补的位置，给你一个台阶，所以山西大学现在由原来的省建大学升为省部共建大学，教育部每年给山西大学拨一个多亿的科研资金，而且现在山西大学正在为进入"双一流"而努力。所以从政策上来说，中央政府已经给了我们支持。第二点，这一届山西领导是比较开放的。比如最近展开了这次大讨论。刚才我说了，应该把山西所有三皇五帝的遗址遗迹联合起来打造世界级的中国文化旅游区，这首先要解放思想，如果思想不解放，一个很好的点子、一个很好的建议，最后都能做砸了。好在我们的领导确实听取了这个建议，然后展开了这么一次讨论。所以说，至少现在我们省领导的胸襟是开放的、格局是大的。他们首先解放了，中层干部、基层干部才能执行。刚才说了，民众也有要求，也有山西重新恢宏的这种愿望。大家常看到微信上转发的山西多么好、山西多么伟大、山西历史多么悠久的内容，其实都反映了大家内心的一种渴望，就是希望山西人可以走到全国人面前高昂起我们的头。所以民众的共识和领导、和学者在这个层面上达到了一致。从这个意义上来说，山西遇到了一次机遇。山西虽然现在不是旅游大省，但它是文化资源大省，从南到北、从东到西，你随便走，到处是故事，因为山西地面文物全国第一，山西有452处全国文保单位，这在全国也是第一，如何利用、规划、保护、发展需要大家群策群力。

既然生在这个地方，就应该多多少少有点家国情怀。我觉得对于在座各位就是要做好本职工作，比如，文人写他自己应该写的事，科研人员做好他的科研攻关，运动员打好自己的比赛，企业家把企业做上去，等等。山西现在有些地方毕竟也在进步，而且有亮色。比如山西射击这几年世界冠军、国内冠军都是获得过的。我又查阅了资料，发现 2019 年 3 月有一个关于山西二青会的报道，里边说山西已经在冬季项目上获得了 20 枚金牌，在冲浪项目中获得 12 枚金牌。刚才听程中平局长说，我们现在已经获得 60 块金牌了，我觉得这个就非常震撼了。所以我当时就建议说体育局应该和宣传部门及媒体联合起来进行宣传报道，因为这不仅是一个榜样的力量，这更是个激励机制，它告诉我们祖先能做到的事情，我们今天也能做到。山西体育能做到，山西经济为什么做不到？山西文化为什么做不到？山西科技为什么做不到？这里边就是一个功夫、一个技巧、一个情怀，而且这里面涉及一个格局的问题。如果对山西没有这么大的情怀，对山西没有感情，就不会像现在体育局的领导这样团结起整个体育人来做这件事儿。所以我觉得对于运动员来说，对于我们每个人来说，山西小不怕，山西落后不怕，只要我们有永远争第一的信念，就没有做不到的事情。我举个我自己的例子简单说一下，比如大家都知道我写了很多文章、很多书，我就是喜欢中国上古史，喜欢把朦胧的传说历史变成信史。这几年我一直在做这件事，这是世界难题，是世界考古学、世界历史研究的一个重要方法，因为它需要大量的考古数据做支撑，需要大量的实际的文物作为证据，所以这 10 年以来我只做了一件事，就是要把书写好，可能别人看见我疯了，其实是有信念鼓励我，我觉得我能做好。在座的诸位教练员、运动员，我们虽然在不同的岗位上，但我们的目标都是第一。那就是我们坚定的信念，永远争第一的精神。山西的辉煌需要你、需要他、需要我们大家的共同努力，辉煌一定能够铸造起来。今天，我以个人名义，向今天已经走在前面的山西体育人致以最高的敬意！

对未来航空体育产业发展的思考

李正梅

　　大家下午好！很高兴今天有机会来到山西体育局跟体育系统的人一起来交流航空体育发展的一些想法。大家在体育部门工作了几十年，但对航空体育的真正了解恐怕不多。我首先对航空体育做一个简单的介绍。航空体育是通用航空的重要组成部分。航空体育的发展历史，大家可能都知道，1952年开始，贺龙同志来担任国家体委的第一任主任。国防体育协会当时的第一任会长是李达，两人都是非常高级的干部。当时航空体育承接的任务是空军的一倍。现在空军很多人员都是从我们航空体育出去的。比如说路甬祥是中国航空运动协会名誉主席，他曾是宁波二中的航模运动员队长。我们的主席是副部长冯建中。还有很多高级领导，比如中将、少将这种，是滑翔运动员出身的，比如我们原来通航委的主任孙宏伟。航空体育在20世纪50年代至80年代都是非常牛的。

　　可想而知，航空体育在当时是爷爷。从1993年开始，我们变成孙子，为什么变成孙子？在1993年，当时的国家体委提出一个方针，叫缩短战线、保证重点。保证重点是什么？重点是奥运会项目。我们的航空运动项目是阳春白雪，尽管当时奥林匹克需要它参与，但当时的国际行业主席瞧不起。后来萨马兰奇把奥运会做得红红火火，它的地位提高了，但是我们的航空体育没进去。在中国遇到的问题就是奥运会没有我们的项目，这就带来了第二个问题，就是我们项目的投资大，机场、飞机、热气球、动力伞、滑翔伞、模型,都是非常大的消费品,但我们经济条件不太好,是买不起的,国家财力支撑不了,我们就没法发展。所以我觉得我们的航空体育是经历了一个从爷爷到孙子的过程。

我是2008年从副主任到"一把手"的位置。我记得当时在大同开会,我提出来一个观点,航空领域要做市场、做产业,科技体育做公益。什么是科技体育?比如模型,航海模型、航空模型、无人机这些都是科技体育。我要靠航空体系做产业,再来补科技体育的发展。我讲的第二个概念就是我们要从孙子到爷爷,我们现在都是孙子。后来我发现几个问题,第一个问题就是我们所有的航校人员走了,就是我们的技术人员都走了,资产没了,飞机趴窝了,其他的飞行器就不用说了,置办不起。我们的业务飞机是当时贺龙同志在的时候配来的,怎么配来的,我也没搞清楚,我查了若干文件都没有,50多年了都没有记载。我当时想,我们怎么来发展航空体育,只能找市场。怎么找市场?我对航空体系做了宏观布局和政策导向。第一个宏观布局就是我去了以后把我们单位的人组织起来编制了一个航空体育事业产业"十二五"规划,这个在2008年底编制完成,2009年初我就带着我们单位的两个同志去找空管局的局长,我就找他去汇报未来航空体育发展的一个整体思路,首先给他文件看。其次我简约地跟他做汇报,汇报完了以后,我跟他谈:"孙局长,我希望今年'十二五'规划向你要6600多万元经费。过去我们大概只有两三百万元的经费,现在我要6000多万元,希望你不要减我的经费。为什么?我做'十二五'规划给你看,我说航空体育要有大的发展,要想让中国老百姓都能来玩航空体育的话,首先就有个安全问题。我一定要空管委给我一些资金补助,把全国的空管监管系统建立起来,只有把这个建立起来,航空体育才能很顺利的发展。管理部门由散养变成圈养才好管,我是在为你服务。"在这种情景下,我们吃饭的时候,他就这么跟我说:"我不但不减你的,我还会给你加。"最后给我加到7000万元。我就在全国31个省市都布局了监管系统。现在搞航空体育的省的航空人都知道,走到哪我们都能监管到。

山西这次去沁源灭火,我们监管车就发挥了很大的作用。在"十二五"规划里面我提出来一个很重要的东西,就是从那个时候开始,我就呼吁我们行业所有的人不能完全当市长的绊脚石,不能让市长躲着我们、怕我们,我们要让市长愿意接近我们、出门带着我们、有事愿意找我们商量,我们不能老问他要钱,看见市长就说钱,市长都怕,我们一定要让市长觉得体育局的领导是不能缺席的。

"十二五"规划指导思想第一个是市场,第二个是产业,第三个是布局。随后我们又做了一个航空运动产业发展规划,这个是发改委、工信部、国土部等9个部门共同来管。这也是后来国务院文件里面的一个规划。这个规划能得到9个部门的认可支持是不容易的。我觉得有几点原因:第一点是我们对整个航空体育在当时情况下发展的一种认可方向。我们的思路、举措别人都认可,没有这个是不大可能的。所以管理部门很重要的是要做规划布局,包括我们体育局。我们各级体育局就是做规划布局的,你要告诉你下面的单位、直属单位、俱乐部,你的方向在哪里,你要采取什么措施能让他们看到希望。第二个就是政策导向。我当时觉得一个最大问题就是本来是个职能管理部门,却什么权利都没有,干什么都要跑到民航局去,什么都得他们说了算。我当时就下决心,我说这个事儿不行,民航局没时间管这个,他又不太懂还不放手,我们必须要把我们的理由阐述清楚了,拿过来我们管。怎么拿过来、我们怎么管、我们的措施是什么、步骤是什么、怎么发展,不拿过来的话我们就一点办法都没有。后来我们通过大概不到一年的时间跟民航局多次沟通,得到当时他们的同意,后来把五类航空器的训练执照的加权训练,以及围绕这种训练或管理相关维修人员的执照的管理权限培训都拿过来了。这就大大改善了我们平台的作用。第二件是我们就提出了航空飞行营地的概念。2012年去美国的时候,我们从塞斯纳东巴工厂到奥斯托市去,因为美国航空实验协会搞了一个60年的大型航空活动,在全世界非常有影响力。奥斯托市办这个活动,当时一次飞过去的飞机1万架,可想而知美国的航空业是多么发达！我在飞机上看到美国到处都是机场，走没多远一个机场，这些机场都不大，不像中国的机场。这些机场就是老百姓进得去、飞得起来、消费得起，老百姓可以随便进去，包括空管指挥，不像我们的指挥塔什么的，没那么多，非常简单，几个人一对就起来了。我们当时飞的时候，一个半小时之前他们申请的航线，一个半小时以后就可以走了。飞起来向奥斯托市去了。美国的机场是1.97万个，美国的人才3亿多一点，有那么多机场，我们有14亿人，机场到目前为止，才几百个，加临时起降点都不到500个。你说我们的通用航空怎么发展？我们的老百姓怎么去消费航空？根本就没有这个条件。我当时就提出来航空飞行营地的概念，是什么意思呢？我一看美国的机场给我的感觉就是一个营地，美国的老百姓背个包进得去、飞得起来、消费得起，很简单。我说我回去提航空领域的概念，回来我就提了，我觉得这个是推动航空产业发展极为重要的基础。第三件是我们体育总局当时联合民航局原总参谋部，共同颁布了一个《全国航空体育竞赛管理办法》。航空体育发展到2008年，或者2012年之前，没有任何管理办法。当时我牵头做了这件事。为什么？第一我们是给空军空管委一个交代，告诉它我这个行当我怎么管，让空管委放心。第二个就是告诉我们这个行当，我们要飞，我们要做航空，我们要做产业，按规矩办，不按规矩办会出事的，出了事就干不成了。所以制定了这个。第四个就是更新盘活、跨界融合航空资源。我做的第一件事就是2011年争取了财政10个亿。更换了贺龙同志20世纪50年代配载的跳伞飞机35架。我通过两年半找财政部，把飞机换了。我为什么要换飞机？2009年我带队去法国参加比赛，法国队队员跳下来的时候飞机也下来。我们的运5是个什么状态？我们搞航空的知道我们的运5上去下来，要花40分钟，你说我们的训练质量怎么提高？我们的训练频次怎么能够达到要求？根本就不可能。所以在回来的飞机上，当场我就跟我们的人说一定要把飞机换掉，坚决要换。其实当时我说的时候自己也没有底，但是我就下决心一定要办。当时我们的机型面临的问题是什么？我为什么说趴窝了？

我们面临的问题是没有油。后来我就打着我们要更换跳伞飞机，我们在世界上拿了冠军、破了纪录等各种旗号去找财政把这个问题解决了。把原来的运5变成我们现在的运12、大棕熊、塞斯纳208、PC6、P750，今年还有一种新机型，大概6种新机型。现在这个机型就是队员下来，我们的飞机也下来，就是达到了法国当时我看到的水平。这是更新盘活资源。第二个是2008年提出来要在全国6个大区布局融合7到10所航空运动技术学院，浙江已经搞四五年了，这个是非常好的平台。我们中国现在缺通航飞机飞行员260万。我还没说什么动力伞、滑翔伞、热气球、无人机、模型，还有高空跳伞，就是说这个产业非常庞大。我说的意思就是我们缺这么多人，是不是可以把航空技术职业学院搞起来？比如说我们地方政府有职业技术学院，能够在里面填一些专利，包括我们现在体育系统办的叫运动员职业学院，我们在里面加一些飞行专业科目？第三个我们打造的是集展览、贸易、销售、消费、体验为一体的航空级无人驾驶航空器的行业品牌展会。我们曾经跟绵阳国家科博会共同打造了无人机赛。当初的意思就是把我们的展演和无人机的比赛都放进去，学生们做的产品也放进去，因为这些大学生设计的飞机、模型，通过他们的最后组装，一架新飞机也可以飞起来比赛。我们还有一个比赛叫中国飞行器设计大赛。后来，我去发改委时提了三个问题，第一个问题是关于航空飞行营地的空运和转场飞行，希望我们共同去申请解决一下；第二，关于营地的土地使用，希望我们一起到国土资源部去共同解决；第三，希望所有的营地的体系，老百姓以后玩这个项目的一些体系，我们共同建立起来，中国的老百姓就可以玩航空了，有条件了。这是我提的三个问题。当时这个赛事打造了以后，我认为极为重要的还有一点就是这是一个平台，大学生在这个平台上面展示了他们设计的产品，这是他们的专利。这个又可以作为一个专利转让的平台，大学生设计了以后，和企业、公司、省市，可以直接对接，他的产品可以转让，这就是一个大学生就业成果转让的平台，这是我当时第二个想法。第三个想法，我觉得这也是大学生与世界接轨的一个极为重要的平台。比如说凡是国家级的活动都有外国人参加，都有外国的团队来参加，那么我们这些孩子自己的设计，最后不出国门就可以跟国外人做一些交流，可想而知，受益不得了，对他的科技意识的提升、技术掌握的提升，对未来这个产品在世界上的作用的认知，那不是在大学里能解决的，一定要有这样一个高级的平台。第四个，我当时就提出融合互联网打造智能航空消费服务平台，飞行营地建立起来以后，里面有各种飞行器，有各种教练，有各种活动、各种培训、各种买卖，跟飞机有关的买卖都有，比如你打开这个平台一看，全国有多少直升机教练、大概价钱都在多少、哪个地方离你近，你自然就知道了，网上一订就可以消费了。在这个平台上想买跟航空有关的东西都可以，看哪个飞机便宜、哪个伞便宜、哪个航空服便宜，上面都有。就是线下有的，线上全部有。还有比赛、排名、教练，比如说你是功勋教练，也可能一年的年薪是200万元，优等教练150万元，一等教练100万元，上面都能看到，自然价钱就出来了。第四个大问题就是加强监管，确保安全。第五个问题就是用好国际亚洲航空体育组织资源，打造中国的品牌航空赛事活动。中国国际航空体育当时产生了许多效益：第一个效益就是当时来了几十个国家的国际航联主席，国内省市级别的领导大概去了将近30个人。第二个效益是雪野湖那个地方，原先那里只有一家企业，是研究姜的品种的，我们这个活动搞完以后，那里的土地是40万块钱一亩。它的房价原先是不到2000元一平方米，整个活动搞完以后，这个地方的房价是1.5万元一平方米。这个地方现在进驻的五星级酒店好几个，这就是一个赛事、一个活动带来的影响力。第二个就是我策划了一个通用航空技能大赛启动仪式，因为我认为这个赛事是目前中国乃至世界上最好的赛事。我们通过技能大赛，把所有飞行器材的飞行员，比如说让热气球、动力伞、飞机都来比赛，比赛完把名次排出来，有了价值就有了价格。比如排到第一的，价值可能就是500万。这个是从工会还有劳社部，从打造技能角度去谈的。如果能把这个赛事启动弄起来，我觉得未来就是一个捡钱的项目。第三个就是 2012 年去美国的时候，我建议国际航联在中国打造一个国际航联世界飞行者大会。我为什么当时提出这个想法？是美国航空实验协会搞了一个叫 EAA 的活动，产生的价值不得了，我想中国绝对搞得起来，那不是问题。所以我当时提出来要在中国来打造这么一个比赛。2017 年第一届，2019 年第二届。我当时的想法是要在中国打造世界最大的飞行器集散地。第一届我们到场的飞行器是 788 架，飞起来是 588 架，有 200 架展览。因为我们没有那么多飞机，所以我就改革了，让飞行器也去。第一届是非常成功的。2019 年也还可以，但是办得比较急，规模不如上届大。另外，要打造世界顶尖航空赛事的举办地，EAA 大概是 6 到 8 条跑道，我们未来也要建好多条跑道。再有，要将武汉打造成中国常态化的航空旅游地，紧紧围绕航空来做文章，把航空文化打造起来。比如说航空博物馆，展示世界航空起源到航空发展历程，不但有实物，还要讲故事，让更多的人来了解航空。现在中国对航空的这种宣传认可还不够，比如国外现在在做冯如的文章，其实这应该由我们中国人来做，因为冯如就是中国的航空之父，中国的航空事业起源于他。

　　第三个大问题就是航空产业发展的路径。我刚才已经讲过，航空体育产业是通航产业的重要组成部分。中国通航产业发展经历了制造热、产业园热、航空小镇热，现在是机场热。单从以上情况看，有很多现象表明，中国通航的春天来了，在座的搞航空的人了解，我们的机场高大上，我们的飞行器高大上，而高大上产生的结果就是运营成本高，老百姓进不去，没人就不可能开业，开业就要赔，谁干赔本生意？所以运营成本高，这个产业永远不要想发展起来。你要想凭我们目前航空体育产业本身单打独斗，我们是没法赢利的。下面我会谈一些我的观点。

　　第一个，我主张发展航空体育产业，首先是让中国老百姓玩起来、飞起来、消费起来，让航空消费产业先行。中国有很多人想消费航空体育，但是我们现在没有产品，因为我们赛事是以竞技为目标设置的，没有观赏性，没有精彩性，很多人看不懂。所以我就提了个观点，我们的航空产业要非常好看，而不光是飞得高。所以我觉得第一个就是要让老百姓玩起来，中国 14 亿人占全世界总人口的 19%，中国的白领是 5 亿人，中小学生现在是 2 亿人，这些都是消费航空体育的人群。其次，中国经济现在占全球经济总量的 15%，是全球第二，人均 GDP8836 美元。我们有钱了，就是没有好的消费产品。再次就是中国的航空市场巨大，美国有 3 亿多人，每年大约飞行 2600 万到 2700 万小时，占民用飞机飞行小时的 80%。对 GDP 的贡献是 1%。中国是 14 亿多人口，每年飞行 80 万小时，占民用飞机飞行小时的比例不到 5%，对 GDP 的贡献是不到 1‰，可想而知，我们这个市场有多大。中国的航空飞行体验收费项目大约 100 元至 3680 元一次。高空跳伞是 3600 元，一般的，比如 5 分钟 100 元左右就能玩。我们的高空跳伞产业是从 2018 年 3 月开始的，成本到当年 7 月已经收回来了。7 月我们去调研的时候，跳伞排队的人已经排到 2019 年的 3 月。所以，不是没有市场，而是我们过去没有去打造这个产品，老百姓没得玩。全国 2 亿中小学生，给他们普及航空航天知识和动手动脑实践技能的普及培训费用家长都愿意拿。玩这个比玩别的对孩子的动手能力、性格的培养都非常有好处。我记得我第一次带航空模型队伍出国，有一个老板的孩子非常挑剔，吃东西这个不吃那个不吃，用钱是大手大脚。但是我没有想到他在玩航模的时候可以很专注，比如比赛完回来，他可以修他的航母模型到夜里 12 点，第二天早上要比赛他也不睡，他就是沉下心来踏踏实实来弄他那个模型。这个孩子的爸爸陪着他去的，他说他儿子就喜欢这个，他觉得他的孩子学了这个变得能静下心了，原来他学习时跟多动症一样的，静不下心，做了模型以后，要自己来维修、来调试，他能沉下心来了，学习坐得住了，并且因为做模型是要有理论支撑的，他要懂物理、数学等很多综合知识，所以看到这个变化，家长愿意掏钱。昨天有一个老总来找我，他和一个专注做国外输出的教育集团做了一套航空课件包，现在推得非常好，我说一定要让这个课件包给我们的孩子了解航空带来帮助。全国现在有38.6万个社区，很多老年人在玩跳舞、健身、风筝，其实我们航模也是一个老年人可以玩的东西，它又不是很快速，又能锻炼智力，也能锻炼身体，这个在社区普及是非常好的。现在万科就在社区推这个，推得非常好。只要我们航空消费产业发展起来，随之带起来的相关产业，比如说航空生产制造业、航空旅游产业、航空服务产业，航空服务产业里面还包括航空贸易、展览、工农作业类、建筑类、农业、渔业、应急救援和医疗救护、交通、物流服务、FBO服务等，所有产业都带起来了。中国的消费量是最大的，只要有人，后端产业端也不用愁了。随后再起来的相关专业是吃，还有就是要买。目前这个情况，如果单纯靠我们的本体产业航空本身马上平衡我们的成本，不一定做得到，要靠别的产业来补，来平衡本身主产业。

第二个，要真正达到这些目的，我觉得很重要的是要去疏通渠道，或者叫疏通管道。第一，我们要老百姓进得去、飞得起来、消费得起的飞行场地。航空飞行营地的概念是除了机场临时起降点以外，供航空器起降的场所。我当时提出来要建设和融合两万个航空飞行营地，五星占1%，二星占29%，三星占70%。我当时提两万个的依据是美国，美国的人口不到3.1亿，但是土地面积很大，有1.97万多个飞行营地。我们中国那么多人，我琢磨两万个差不多应该可以。1%的一星级就是跑道原则上在1200米以上；二星级是29%，800米长跑道，这个需要我们融合和建设；三星级是70%，全国现在有170万个体育场，里面可以飞85%的体育项目。我们的体育场谁建设谁管理，又好追责，安全也好管。所以70%的营地以后是用体育场代替。第二个代替或融合它的是我们现在的露营地。第三个是我们公路的休闲区，我们研究了很长时间，有很多地方的公路一年跑不了几辆车，都建得好好的，空在那儿根本没有用，这些我们是可以利用起来飞的。第二，提了飞行营地以后，还要建立健全一套航空培训营地运行运营的标准体系。比如第一个是营地建设，我们营地怎么建？我们有什么要求？我现在说是最简单不过了，体育场里面可以飞，旅游景区可以飞，我们的露营地可以飞，我们的通航机场可以飞，我们的交通休闲区可以飞，太多地方可以飞了。所以我们要建标准，我们要看布局多少个项目，布局一个项目要多大，布局两个项目要多大。第二个就是营地进驻标准，进驻俱乐部要哪些项目，进驻俱乐部的条件是什么，进驻俱乐部的人员条件是什么，比如飞行员什么条件、服务人员什么条件，要有一套体系。这个是要严格管理的。第三个就是营地空域使用标准，比如说体育场，三星级的营地一年一批，谁建设谁负责，谁所有谁负责，进度条件什么都有了，我就不相信别人不支持。别人不支持是因为我没说清楚，我们没有做到位。第四个就是营地开放标准，我要开放不能随便做，要有体检标准、申请标准。什么人能去飞，什么人能上这些飞行器去体验，我们都要有标准。第五个就是营地运营服务管理标准，搞防空的都有一套体系，基本上是通航的管理体系，以后这个体系会在通航体系的基础上降低标准，我们不能让那些标准把我们自己管死，我们既要安全，也要管得住，这个是我们的目标，最终目标是飞起来。第六个是营地培训标准，比如说在营地培训运动飞机的飞行员，培训热气球、动力伞，在这儿培训飞行员原则上就是在营地飞，不能飞出营地，营地就是另外一个标准，在这个基础上再去升级，我是这么想的。营地的培训、体验、赛事标准是我们的第六个营地建设标准。第七个就是营地的创意、品牌输出标准，我们营地做了以后，要做统一 logo，哪怕你是喜来登酒店，前面也是我的 logo，你只能挂到我的后面，称某某航空飞行营地喜来登酒店。我以后会围绕我的营地开发一系列产品，比如说跟航空相关的，我如果生产航空器可能就挂我营地的品牌来生产，服装、鞋、帽、飞行器、吃、住、饭店可能都按我的品牌来命名，就是一系列的跟航空营地有关的品牌输出。品牌输出是要收钱的，这个就是品牌无形资产的价值。我们一定要把我们的产品开发出来，通过我们的运营让它增值，让它真正成为品牌。品牌就是大家的认同度。为什么你们买运动产品都买耐克或阿迪达斯？认同度首先是宣传度、广知度，大家都知道才行，第二才是这个产品的质量。第三才是这个东西是否好看。你们觉得 Nike

运动店的都那么好看吗？Adidas现在都那么好看吗？我看不一定，别的品牌也很好看的，但是它没有这么高的价值。一个品牌要通过大家的认知、宣传，最后才能产生更高的价值。这个价值是销售出去的，无形资产的价值是逐渐积淀的。第八个是营地星级的划分与评定标准。第三，需要享有与机场或临时起降点运行、运营相同的待遇。就是说航空营地也要上户口，没有这个户口什么也办不了。但是我不主张往临时起降点靠，我们要比它再低一级，这样未来才是老百姓消费的地方。第四个问题是需要一个老百姓飞的方便、快捷的固定飞行空域或一年一批的时间。

第三个，打造多元化航空消费产品，策划推出面向不同人群、不同年龄结构的消费产品供老百姓选择消费。我们要把整个产业链做起来的话，要有政策支撑，要有市场，要有产品，要有场地飞，一定要打造老百姓喜欢的刺激性、观赏性、娱乐性的产品。要使得航空消费产业发展。我觉得首先应该是引进国际国内顶级航空赛事活动，赛事是注意力经济，或者叫远程经济，比如说办个省运会、亚运会、奥运会，场地建起来了，大家都认识到了体育，都参加了体育。大家都知道奥运会以后，我们的政治地位提升了、国际威望提升了，别人都了解中国了，别人很佩服我们中国，有14亿人，能做得这么好，我们的政治经济水平提高了，我们的国际地位提高了，没有奥运会的话，进程没有那么快。中国需要一个平台，奥运会就是一个平台，它对我们进一步扩大开放起了至关重要的作用。优化政治文化、生态保护文化、人文科技文化，我不知道大家记不记得我们奥运会当时提了这三个理念，优化审美意识是我们奥运徽章的作用，其实省运会也一样，它就是一个很好的平台，就是把人请进来了解你，把我们的东西推出去，都是通过这个平台和通道。其次就是体验产品。第一种是风洞，山西一定要想办法建风洞。风洞是航空普及极为重要的科目之一，或是项目之一。风洞我们每个人都可以飞，只要没有心脏病，都能飞，那个是航空的启蒙科目。第二种是无人机，现在知道大疆，还有别的项目，在深圳有一个无人机的大会搞得非常成功。中国现在的无人机用于工农业生产方面是非常多的，娱乐就不用说了，无人机现在替代了过去的直升机航拍，替代了过去直升机洒农药、播种，成本又低了。所以中国的无人机未来是不得了的。第三种体验产品是动力伞，动力伞不是搞航空的，动力伞主要是靠动力来促使伞飞起来。热气球是靠自然风，它是靠动力，是靠鼓风机飞起来的，动力伞能做很多事，包括旅游、作业。第四种是高空跳伞，现在我听到有好几个地方要开展这个项目，大家都知道一个道理，做生意一定要有市场、有需求，这样老板才会去投，没有这个，老板他是不会去投的，所以大家已经看到了这个趋势。第五种体验产品是运动飞机。再次，我们要去跨界融合生产这些产品，比如山西有没有可能办一个航空学校，把对业余体校淘汰下来的90%的学生的这种技能培训办起来，不一定要学历，能作为职业找得到饭吃就可以了。所以我觉得学历培训跟技能培训要结合起来，未来我们还要有研究航空航天发展的、生产的一些专家，要有飞行方面的专家，我们的教育学也要有技能培训。我觉得我们要在幼儿园，从小学、初中、高中推一套教学方案，让孩子们熟悉了解航空，让他们从小就知道冯如是谁。我看美国EAA特别受启发的一件事就是爸爸妈妈抱着、拽着孩子全家去看EAA，从小就给孩子熏陶。还有就是要与文化旅游结合，推出娱乐飞行、空中观光、景区空中游览、综合观光的产品，我们要推出多种产品，不能一味地去搞航空赛事、锦标赛、杯赛。我们要打造两条线，一条是竞技体育，成绩要好，通过成绩好推出体育明星来带动群众体育的发展，来带动我们其他飞行项目发展。但真正老百姓要玩的一套体系，不能按竞技体系来弄，那样有几个玩得起？几个人能玩？几个人能达到要求？所以一定要推出适合老百姓的产品，所以我觉得要与文化旅游结合，推出相关产品。再有就是为农业、牧业、渔业等推出服务产品，要和红十字会或医院推出救护服务产品，要和民政部推出抢险救灾等服务产品。一旦哪里出事了，我们的飞机就可以直接过去的。比如汶川地震，就是我们的动力伞第一个发现的。

最后是航空主题文化创意产品,我们要围绕航空推出相关的创意产品。比如说我们可以做一些飞行服、飞行帽、飞行饰品、飞行鞋、飞行包,就主打我们自己的品牌。其实这个系列产品推出来以后,只要设计搞得好,就真的是取之不尽的产业。除了上面讲到的,还有关于航空器材和装备产品,我觉得我们还要有飞机卖、有热气球卖、有动力伞卖、有模型卖、有无人机卖。我还主张能不能推出模型和无人机的零部件卖。

第四个,我们要探索一个适合中国国情的航空体育产业发展模式,近几年通航产业特别是航空体育产业已成为众公司竞相布局的热点。

下面我们一起来了解一下航空体育的IP。IP是拥有知识产权(或者叫版权),独立拥有其商业权利的航空体育型主体,包括航空体育赛事、机构、组织(国际航联世界飞行者大会、中国国际航空体育节、中国航空运动协会)、航空体育团队、航空体育俱乐部和飞行员。我们的航空体育产业目前IP是在做药引子,它未来的产业规模是极大的,但是现在不行。我估计在5到10年,这个产业不可能完全靠航空本身主体产业平衡成本,真正大发展是10年以后,通过培育期起来以后,各地都布局起来了,老百姓都玩起来了,未来才是大把地捡钱,它就是这么一个产业。然后第一条我想说的首先是要有平台产业,平台产业就是线下我们要有航空小镇、航空产业园、航空废弃营地、通航机场、临时起降点等互动平台,没有这些我们没办法飞的。2016年中国互联网的用户是7.11亿人,排全球第一,互联网相关GDP占比高达6.9%,居世界第二。这是什么概念?这就是说有了平台产业,我们的一个东西现在在这立马能跟国外联系到。第二个就是内容平台,现在这个时代,我觉得还是内容为王,我觉得航空飞行营地之所以能够得到发改委、国务院的认可,最主要的是我们有内容。航空体育产业的核心首先是航空体育赛事,现在国内国外70有多项赛事,我们有航空飞行场地、航空组织、航空机构、俱乐部、体育明星,这些都是我们的核心,也都是我们的王。我们合作都能拿这些去做IP。第三个是航空IP去做跨界融合,嫁接其他的产业,建立综合业态。我觉得要应做好四个融合。

第一个是规划，在考虑规划的时候，一定要抱着开放的心态跟更多人去合作。我们大门开着，谁愿意跟我合作，我都积极配合。首先从规划开始，在做规划的时候，把综合业态都考虑进去，哪一步做什么，最后发展成一个综合业态。规划是死的，活的是策划，中国人做了几十年规划，却没有任何策划。但是国外不一样，他们能把一个事业做成产业，很重要的是因为里面有策划，策划里面是要加思想的，就是把死的东西通过策划，让别人有更高的认知度，最后产生效益，这就叫策划。没有策划，规划就是一潭死水，建一个场地，就在那天天看着是没有任何用的，一定要有规划加策划。这个是这个时代或者是产业发展最需要拥有的能力。第二个我觉得是内容融合，航空体育本身做IP，里面一些大IP小IP去跟别人合作讲故事，故事讲得是不错，可是现在讲故事都是赚不到钱的，我们要跟别人合作，比如说跟旅游合作、跟农业合作、跟医疗救护合作、跟抢险救灾合作，我们要去跟别人合作副产品，而不是靠我们本身办赛事、搞培训，那一样永远也赚不到大钱。这个时代是靠智慧才能赚得到钱。比如内蒙古的阿拉善在沙漠里建了一个城，吸引了很多综合业态去。另外就是靠跟各国打通自驾游的路线，这个就是拿IP讲故事，通过基金转个圈回来，钱就拿走了。地方政府得了产业链、得了产品落地、得了税收、得了就业。其实我们也一样，我们要拿我们的内容讲故事，要让别人听懂，我这个怎么能赚钱、我会给你带来什么好处。第三个是渠道的融合，现在我们自己就知道体育渠道，我们要更多地去利用旅游渠道，比如在旅游景区建造飞行营地。景区本身就有客流量，它的客流量引过来很自然就是我们的客流量，对景区来说这个项目的客流量的可持续发展就有了保障。有些人去飞行，他不只去一次，他可能周周去、年年去，那就是长期客流量。走马观花的旅游只是一次，有产品才有可能留住人，我们进去就是把产品做出来，就是把景区的客流量长期留住。比如福建把航空飞行跟土楼文化结合起来，空中看土楼非常好。我们推出比如说航空学历教育、职业教育、游学教育、航空教材包、留学教育，这都是我们要去融合的内容之一。第四个是场景融合。你看迪士尼融合了多少产业进去？我们也一样，我们的场景要美、要好看、要有震撼力，我觉得一定要把别的内容包含进来，不能干巴巴的。比如现在我们航空就是一个表演，表演完了就结束了，我们能不能融合一些别的场景进来，一看眼花缭乱、刺激倍增，回去就说这个太好了，一个人宣传，其余人都会来看。所以我觉得我们的场景融合很重要，别人场景很好，我们为什么不把它引进，引进来以后加以改造，跟我们的项目匹配起来，就是我们的场景，就是一个新鲜的不一样的东西。第五个就是客户资源融合，比如说跟旅游共享资源，跟教育共享资源，那就是客户融合。我来用55.4亿的旅游客户推我的产品，因为这55.4亿加国外的1.5亿人里面有10%的人来玩就不得了了，那是个什么概念？现在我们体育的商业模式还在摸索中，但是我觉得我们要更多去利用那些成熟的商业模式，比如说现在一些比较成熟的文化商业模式。做一些融合旅游的模式也非常好，由原来的走马观花到现在的深度旅游，它也需要产品，我们的产品进去就弥补了它的空缺。第四点就是用综合业态推动航空主体产业的发展，就是说主产业是我们的航空，是我们的体育本身。目前这个状况综合了国内国外的情况，国外有些产业是不错的，比如说像国外的冰曲它是赢利的，国外的棒球、垒球都是赢利的。我们有些项目也是赢利的。我记得我大学刚毕业的时候来总局，马拉松开始了，经过30多年它才被培育成现在这个样子，所以有一个培育周期。我想说的是其他体育项目都有一个培育市场的过程，马拉松培育这么多年才到了目前这么火的一个程度，航空项目更要有培育的过程，培育的过程靠什么来补？我觉得要靠其他业态。我在拿这个IP跟别人合作的时候，把别的业态做起来，用它来平衡培育我的主产业。只有这样，我这个项目才能发展好。

最后，我想说的是，现在山西体育部门的领导对我们航空的贡献是很大的。第一是把三个机场保留下来了；第二是培育了很多航空人才，也有在世界上拿冠军的，有破纪录的；第三个是我觉得山西推行航空产业也是比较积极的,也是走在前面的。第一层意思是表示感谢,第二层意思是希望山西领导能够把航空产业推好、航空产品打造好、航空市场培育好,把航空产业发展的模式建立起来,让山西的航空在今后的发展中也能够走到中国的前列。

共襄二青盛会　同谱山西篇章

赵晓春

尊敬的各位领导、各位嘉宾，新闻界的朋友们：

大家好！

下面，我将结合山西省历史文化、经济建设，特别是在筹备第二届全国青年运动会（以下简称"二青会"）过程中的运作思路、工作实践及实现路径与诸位分享自己的心得体会。如果浅见薄识能为大家提供多维度启迪和建设性思维，本人将不胜欣慰。

一、体育文化于体育事业的引领作用

山西，华夏文明滥觞之地。1992年，这片土地上诞生了国内第一本体育文化专业刊物。这一里程碑式的事件开启了内地体育文化研究之先河，在学术领域直接引领了其后若干年中国体育文化的研究范式。

综览山西历史，体育的足迹、文化的脉络无远弗届，始终如草蛇灰线般贯穿于这片黄土地的文明进程。

探幽涉远，赓续传统。俯瞰三晋大地，竞技元素星罗棋布；回望山西历史，竞技基因传承流布。从远古到当下，大量实物、壁画、民俗、事件不胜枚举，无不鲜活呈现竞技文化、竞技精神的生发流变。

1953年，山西阳高县许家窑文化遗址出土了2000多个石球。考古分析，石球是距今10万年的旧石器时代文物。起初，它是原始人用以狩猎的器具，及至新石器时代晚期，出现了用脚踢石球、两球相碰为

胜的石球游戏。沁县烂柯山上,则发现北魏时期的"二人对弈"石像。由此观之,围棋早在1500多年前已盛行于三晋。至于太谷形意拳、忻定原"挠羊"、洪洞通背拳、永济"背冰亮膘"这些散落民间的竞技瑰宝,则是胼手胝足的先辈为后人留下的珍贵的非物质文化遗产。岁月流转,人们难以忘却在民族救亡图存的危难时刻,在抗击日军的前线,曾经活跃着这样一支能赢比赛敢打胜仗的篮球队——八路军120师战斗篮球队。在抗战胜利70余年的今天,缅怀这支为山西带来先进体育文化的队伍,令人不胜感慨。

如果把北京奥运会视作中华人民共和国竞技体育史上的一个重要节点,那么"后奥运效应"则让中国竞技体育迎来了激烈竞争期和快速提升期。双期叠加下,在国内外一系列重大体育赛事中,山西体育健儿逆势奋发,以一己之力坚守着对山西而言弥足珍贵的"形象高地"。

毋庸讳言,山西在竞技体育领域取得的成绩与先进省份相比差距甚大,但放在山西经济社会发展的大背景下,无论全运会、亚运会,还是奥运会,都能届届超越自我、实现突破,是殊为不易的。

取得上述成绩的原因是多方面的,但不可否认,文化的力量在其中占比很大。诚如费尔巴哈所言:人是人的作品,是文化、历史的产物。如是观之,作为体育活动主体的人,必定也是体育与文化之间产生勾连的重要元素。广而言之,举凡人类文明进程中的一切活动,都与文化行为有着逻辑上与事实上的内在关联,这也是前文所述文化所具有的普适性的概括性解读。

那么文化之于体育事业,特别是竞技体育到底有何重要意义?本文的观点是狭义文化的对象是从事竞技体育运动的个体,它能改变或固化一个人的思维方式、认知水平和精神品格,即所谓以文"化"人。而广义文化则是强化体育与经济社会建立某种关联的纽带或路径。

2000多年前,身为跤手的古希腊唯心主义哲学大师苏格拉底说过:"许多赛跑的失败,都是失败在最后几步。"在激烈的竞技场,当原始的肉体本钱透支殆尽时,唯一能支撑选手的就是意志力、荣誉感等精神、文化层面的东西。所以说,"文化的缺失"是一次次功败垂成的重要诱因。而事实上,早年山西体育文化研究者中并无专职意义上的体育圈人士,这一现象也让人想起了青春偶像剧《爱情公寓》里那句著名的反讽式调侃:你的文化是体育老师教的。说到底,自己的家园还须自己来守护——武器当然是"文化"。

现实表明,擘画体育事业的蓝图,离不开文化的护持。随着现代社会的整体进步,竞技将更逼近人性,更贴近社会,也更能表现人类最原始、最本质的力量与价值、存在与尊严。而山西人厚重笃实、隐忍坚韧的性格特质恰恰与竞技文化的精髓真义高度契合。在这种意义上,在"大体育"格局下,日益多元化的竞技体育完全可以与经济、教育、文化、科技、旅游等相融合,为日益走向开放的山西构建一种全新并不断完善的文化价值体系,为文化强省战略提供坚实支撑。

二、山西承办二青会正当其时

党的十八以来,在以习近平同志为核心的党中央坚强领导下,山西省委省政府团结带领全省人民,励精图治,砥砺奋进,山西经济社会长足发展,综合实力稳步提升,包括体育事业在内的各项事业迎来战略性变革和历史性机遇。为进一步促进全省改革开放,为山西转型综改试验区建设营造有利的内外环境,省委省政府站在战略和全局高度,将体育事业置于经济社会发展的多维时空谋篇布局,高瞻远瞩地作出承办二青会的重大决策。

二青会的筹备、举办是一项极其复杂、极具挑战性的系统工程,对于从未有过大型赛事承办经验的山西,无疑荆棘丛生、沼泽遍布。怎样办一届"精彩圆满,富有特色"的体育盛会,是当下3700万山西人需要直面的一个政治命题和现实难题。

但正如我们常讲的,压力与荣耀同在,机遇和挑战并存。在省委省政府的坚强领导下,在国家体育总局的悉心指导下,在社会各界的鼎力支持和大力配合下,我们相信第二届全国青年运动会一定会办得圆满、成功。

一届大型综合性运动会是否成功，衡量和评定指标固然多元，但我认为，除却运动竞赛成绩外，赛会给举办地带来的综合效益当是评价体系中最重要，且无可替代的考量内容。那么，二青会在筹备、举办，乃至举办结束后一个相当长的时段内会给山西经济社会的发展带来怎样的机遇和挑战？我们又将以怎样的举措来把握机遇、应对挑战？

中华人民共和国青年运动会是每四年举办一次的全国大型综合性体育盛会。其前身是创办于1988年的全国城市运动会，与全运会不同，城运会以城市为单位组团参加，其主要目的是发现和培养竞技体育后备人才，促进城市体育事业发展，为实施奥运争光计划服务。2013年全国城市运动会更名为中华人民共和国青年运动会，更名后的青运会是我国奥运战略的重要组成部分，是坚持完善竞技体育举国体制的重要环节，也是调动青少年训练积极性的有力杠杆和重要抓手，更是衡量我国竞技体育可持续发展水平的重要标志。

二青会是经国务院批准，由国家体育总局主办、山西省人民政府承办，初步确定于2019年8月至9月举行的一次大型综合性体育盛会。

根据一青会项目设置，二青会原计划设置26个大项，约55个代表团（含香港、澳门代表团）参加，运动员达8000余人，赛会裁判员、仲裁、技术代表等技术官员3000余人，媒体记者2000余人，共计约1.6万人，涉及全省11个地市，主赛区太原将承担60%以上的比赛任务和比赛项目。在二青会筹备过程中，国家体育总局陆续对青运会改革提出了一系列新的意见，二青会项目设置将随之发生巨大变化，原计划的26个大项将扩大为47个大项，其中最重要的是增设了冬季项目5个大项，总体设项不仅涵盖了全部夏季奥运会项目，而且包括了大部分冬季奥运会项目，据此情况，二青会将成为中华人民共和国成立以来国内举办的最大规模的体育盛会，成为我国乃至世界第一个冬季和夏季运动会合并举办的综合运动会，其项目设置之多、参赛人数之众将达到空前规模，这就对山西省承办好这一体育盛会提出了巨大的考验。

三、二青会为山西带来的机遇、挑战

习近平总书记高度重视体育工作,将体育事业置于中华民族伟大复兴、实现中国梦的宏伟蓝图中,为体育事业发展指明了前行方向,提出了明确要求。总书记指出,"体育强,中国强""体育是提高人民健康水平的重要手段,也是实现中国梦的重要内容,是能够为中华民族伟大复兴凝心聚气的强大力量"。在总书记一系列重要论述引领下,我国体育事业发生天翻地覆的变化,群众体育蓬勃开展,竞技体育成绩斐然,体育产业方兴未艾,体育文化如沐朝阳。在宏观层面,体育作为具有特殊价值的优质资源,之于经济社会的助推作用日益彰显。

当前,山西省正处在建设资源型经济转型发展示范区、打造能源革命排头兵、构建内陆地区对外开放新高地的关键时期。为实现三大战略目标,省委省政府殚精竭虑,调动一切积极因素带领全省人民开篇布局谋发展、攻坚破壁促改革,奋力书写新时代山西腾飞新篇章。值此历史性关键时段,二青会的举办到底会给我们带来什么样的资源和契机,对各项事业的推进又能提供哪些具有积极意义的启迪和借鉴?我们又该如何发掘、把握这些珍贵的资源和难得的机遇?

首先,二青会是在党的十九大之后举行的我国规模最大、参赛人数最多的国家级综合性运动会。二青会举办年适逢中华人民共和国70周年大庆,圆满、成功地举办一届青运会在政治层面将是山西人民献给共和国70华诞最好的礼物。

其次,通过举办二青会这一具有重大社会意义的事件,在精神层面可以有效凝聚人心、提振士气,推进精神文明建设,提高大众人文素养;在经济层面可进一步促进山西省产业结构调整,为供给侧结构改革赢得更大的空间,为统筹推进"五位一体"总体布局和协调推进"四个全面"战略布局开创新局面。

第三,通过举办二青会,将会进一步完善群众健身设施,弘扬群众健身文化,构建系统化的"大健康"公共服务体系,对落实全民健

身国家战略,满足群众个性化健身需求具有重大现实意义。

第四,筹备和举办二青会的过程,必定也是一个各项事业融合发展、倒逼生态环境改善、引动产业升级、实现经济提质增效的过程,二青会的成功举办必将促进山西省城市基础设施建设和现代服务业发展,全面提升城市公共服务功能,助推山西旅游发展、促进人民生活改善。

第五,举办二青会是正能量,用正能量作正面传播,对山西具有非同寻常的价值和意义,也是目前强化山西软实力、提升山西话语权的最佳平台和可供选择的有效途径。

总之,承办二青会将是加快推进创新山西、绿色山西、开放山西迈向更高水平的重要机遇,对优化发展环境、展示城市形象、提升山西省知名度和美誉度、提高对外开放水平,具有十分重要的意义。

四、努力挖掘二青会多元价值

经国务院批准,2019年山西省人民政府将正式承办由国家体育总局主办的第二届全国青年运动会。二青会承办权的获得,充分表明党中央、国务院对山西省委省政府及全省人民的信任支持和对近年来山西各项工作的高度认可。

承办这样一届中华人民共和国成立以来规模空前的全国性综合运动会,既是对全省体育基础设施、竞技体育实力的综合检验,也是对全省人民文明素质、城市发展水平的全面检阅,更是宣传改革发展成果、展示山西美好形象的一次难得机会。办好二青会,意义重大,使命光荣。

囿于二青会的规模、体量及我们面临的诸多确定和不确定的困难,我们认为,只有全力以赴、只争朝夕、精心策划、认真运作、围绕山西实际、尊重体育规律,全力以赴做好各项筹备组织工作,才能不辱使命,不负重托,确保二青盛会圆满成功。具言之,要紧盯以下几个关键点:

第一,以宣传为抓手,努力扩大影响,全面提升山西知名度和美誉度。山西是中华民族的发祥地之一,历史悠久,人文荟萃,拥有丰厚的历史文化遗产。万众瞩目的二青会在山西省举办,必将为山西在政治、经济、文化等社会发展的各个领域赢得前所未有的关注，这对于提升山西在国内外的知名度、影响力具有重大现实意义。我们要将二青会视作展示山西的舞台和窗口，抢抓机遇，乘势而为，借助二青会，坚定不移加大宣传力度，让更多人认识山西、了解山西、走近山西。

第二，努力挖掘二青会多元价值，锻造二青会精神。山西有着光荣的革命传统，这片土地上孕育出了吕梁精神、太行精神、右玉精神……这是全党、全国人民宝贵的精神财富，也是我们筹备和参战二青会不可或缺的思想武器。二青会既是传承、发扬山西精神的良好载体，也是锻造团结奋进、昂扬向上新时代精神的巨大熔炉，我们要借二青会的举办，努力打造具有山西特色的新时代"二青会精神"，挖掘感人事迹，树立先进榜样，讲好山西故事，弘扬时代旋律，激励各行各业为谱写新时代山西篇章做出新贡献。

第三，大力提升人民群众文明素质，增强精神文明软实力。二青会既是检验，也是提升人民群众文明素质的良好载体。要借助举办二青会，在全省各行各业大力推进精神文明创建工作，在广大市民中营造当好东道主、展示新形象的良好氛围，以二青会对文明素质的高要求，促进人民群众文明素质实现新提升，促进山西省思想道德建设、精神文明建设迈上新台阶。

第四，推动城市基础设施建设，增强综合实力，打造山西品牌形象。2015年二青会成功申办以来，太原市作为主会场和主赛区，大力升级改造城市公共基础设施，整合城市公共资源，加快城市路网和公交体系建设，加大市容环境整治力度，推进城市主次干道和小街小巷改造建设，重拳出击整顿污染源，推进包括空气、土壤、水体治理等10项整改工程，改善城市绿化，城市面貌取得日新月异的巨大变化。随着二青会日益临近，我们要进一步借力二青会，全面塑造山西各地文明城市形象，增强城市综合实力，打造城市亮丽景观，深度挖掘特色景点，结合历史文化，向世界投放亮丽的山西名片。

第五，探索融合发展路径，推进行业间全方位深度融合。通过举办二青会，合理利用各方资源，引入市场机制，积极调动社会资本、社会力量，着力加强市场开发，提升青运会品牌及相关无形资产价值，带动相关产业快速发展，形成二青会搭台、全方位跟进、各领域发展、全社会繁荣的多赢局面。让举办二青会成为探索融合发展新模式的一次伟大实践，为山西经济社会发展提供可资借鉴的成功经验的和发展思路。

第六，培育和助推"体育+""+体育"发展模式，催生新的经济增长点。在筹办二青会过程中，要统筹安排赛事场馆，挖掘整合资源，与各市区、高校逐一对接。此次二青会比赛项目以太原、大同两市为主赛区，全省各市都承接了比赛项目，要以此为契机，通过举办二青会，大胆尝试和培育山西"体育+""+体育"发展模式，打造以体育为核心驱动力的新兴产业，为经济发展注入新的活力。

综上，二青会的举办将是新时代山西体育事业跨越式发展的不二选择。特别是在经济结构实现战略性调整的"十三五"时期，准确把握举办二青会的战略机遇，不仅将激发赛事为经济社会发展带来的多元推动力，而且能强力推动社会民生的深层面改善，也必将同山西省全面深化改革、调整经济结构的战略合拍共振。

习近平总书记指出："检验我们一切工作的成效，最终都要看人民是否真正得到了实惠。"举办二青会是一项政治任务、战略举措、系统工程，我们将从思想上高度重视、行动上全力以赴，通过努力，将二青会办成给人民带来幸福感和获得感的体育盛会，让二青盛会成为山西经济社会发展长卷中引人注目的一页。